Barents Sea
Norwegian Sea
FINLAND
NORWAY
SWEDEN
RUSSIA
Sundsvall
Tampere
Lahti
Turku
Helsinki
Bergen
Oslo
Uppsala
Västerås
Stockholm
Sankt-Peterburg
Stavanger
Skien
Linköping
Tallinn
ESTONIA
Kristiansand
Göteborg
Riga
LATVIA
North Sea
DENMARK
Arhus
Baltic Sea
Moskva
LITHUANIA
København
Malmö
Vilnius
Kaliningrad
RUSSIA
Smolensk
Gdańsk
Hamburg
Minsk
Bremen
Poznań
Berlin
Bryansk
Amsterdam
Hannover
Warszawa
POLAND
Kursk
NETHERLANDS
Rotterdam
GERMANY
Essen
Leipzig
Dresden
Wroclaw
Katowice
Kijev
Lille
BELGIUM
Köln
Liège
Praha
Ostrava
Kraków
Lwiw
UKRAINA
Frankfurt
LUXEMBOURG
Nürnberg
CZECH
SLOVIKIA
Mannheim
Brno
Dnepropetrovsk
Doneck
Stuttgart
Paris
Strasbourg
München
Wien
Bratislava
Budapest
Cluj-Napoca
MOLDOVA
Dijon
Basel
Salzburg
AUSTRIA
HUNGARY
Chişinău
Rostov
Caspian Sea
Zürich
Innsbruck
Graz
Odessa
Bern
SWITZERLAND
ROMANIA
Braşow
Genève
SLOVENIA
Ljubljana
Zagreb
CROATIA
Lyon
Verona
Milano
Venezia
Beograd
Torino
ITALY
BOSNIA
Sarajevo
SERBIA
Bucureşti
Constanta
Sevastopol
Genova
Bologan
Firenze
Split
Varna
Black Sea
Montpellier
Marseille
Nice
MONTENEGRO
KOSOVO
BULGARIA
GEARGIA
Skopje
NORTH MACEDONIA
ALBANIA
Tiranë
Istanbul
ARMENIA
AZERBAIJAN
Roma
Bari
Thessaloniki
Ankara
Napoli
Eskişehir
GREECE
TURKEY
Izmir
Athina
Konya
Palermo
Catania
Mediterranean Sea
CYPRUS
AF639465

SEIT MEINER KINDHEIT,
die ich in der Nähe einer Eisenbahnlinie verbrachte,
habe ich selten einen Zug vorüberfahren hören,
ohne den heißen Wunsch zu verspüren mitzufahren.
Das Pfeifen der Lokomotive hat mich stets verzaubert:
Eisenbahnzüge sind unwiderstehliche rollende Basare.

Frei zitiert nach Paul Theroux,
aus: *Auf Schienen um die halbe Welt*

JOHANNES GLÖCKNER

BAHNBILDER

Eisenbahnlandschaften in Europa

FREDERKING & THALER

INHALT

EINLEITUNG

AUF SCHIENEN QUER DURCH EUROPA

Reisen! Die pure Lust am Unterwegssein. Bahnfahrten führen oft durch die schönsten und spannendsten Landschaften Europas. Und so unternimmt der Betrachter der herrlichen Panoramabilder in diesem Buch eine Schienenkreuzfahrt von den Küsten des Mittelmeers durch weite Äcker und dunkle Wälder, entlang malerischer Flüsse bis zur Nordsee oder hinauf ins Hochgebirge. Die Eisenbahnen Europas bieten spektakuläre Streckenführungen mit beeindruckenden Bauwerken. Und das Besondere daran: Die Züge fahren oft auf abenteuerlichen und etwas abseitigen Routen, die kein Autofahrer so je zu Gesicht bekommt.

Zugfahren bedeutet aber auch, nichts tun zu müssen – einfach nur schauen! Der Blick bleibt nicht streng auf den Verkehr gerichtet, sondern schweift aus dem Abteilfenster weit hinaus ins Land und lädt zum Träumen ein. Vielleicht hat gerade das Zugpersonal einen Kaffee oder einen Rotwein vorbeigebracht, vielleicht hat man einen lieben Menschen neben sich sitzen und ist – Klischee hin oder her – recht glücklich unterwegs.

VOM BAHNHOF ZUM TROPENHAUS. Die Halle des alten Madrider Bahnhofs Atocha ist kaum wiederzuerkennen. Trotzdem fahren hier noch Züge: Die Reisenden müssen nur eine Etage tiefer, dort gibt es modernen Bahnbetrieb. Die alte Jugendstil-Halle aus den Jahren 1888 bis 1892 konnte so vor dem Abriss gerettet werden.

Eine Schienenkreuzfahrt bietet immer die Möglichkeit, sich von einem besonders schönen Ort überwältigen zu lassen. Man steigt dann einfach am nächsten Bahnhof aus, um historische Städte, das Meer, die Berge oder andere sagenumwobene Plätze zu genießen. Wenn sich die Reiselust erneut meldet, dann heißt es nur: einsteigen und zu neuen Zielen aufbrechen. Welch ein Leben!

Jugendliche kennen das vom legendären Interrail-Ticket, mit dem man für einen Fixpreis wochenlang quer durch Europa gondeln kann. Es gibt aber auch in vielen Ländern spezielle Netzkarten und Bahncards für jedermann. Außerdem haben spezialisierte Bahnreise-Veranstalter besonders attraktive Routen in ihrem Programm. Häufig fahren auf ausgewählt schönen Strecken Sonderzüge, die oft sogar noch mit alten Dampflokomotiven bespannt sind. Und auf stillgelegten Nebenbahnen können sportliche Menschen sogar eine Strecke ganz für sich allein genießen: Man benötigt nur genug Muskelkraft für die Handhebel-Draisinen, die vielerorts angeboten werden. Eisenbahnliebhaber kommen also ganz sicher und auf vielfältige Weise auf ihre Kosten – Hauptsache unterwegs sein und Neues erkunden.

Die Welt der Eisenbahnen ist bunt, vielfältig und damit interessant. Und es stimmt tatsächlich: Reisen sorgt für Bildung. Das Wunderbare daran: Zugreisen machen auch noch Spaß! Man trifft die unterschiedlichsten Menschen, lernt die Spezialitäten ihrer Küche kennen, hört von den Sorgen in ihrem Heimatland und teilt doch gleichzeitig mit ihnen die Freude über eine neue Bekanntschaft.

Die Bahnbilder in diesem Buch genauso wie Fotos, die Reisende unterwegs selbst machen, sie alle halten Momente fest, an die sich jeder gern erinnert. Sehr oft sind es Träume, die wahr geworden sind.

DIE SCHÖNSTEN HISTORISCHEN BAHNHÖFE EUROPAS

WO AUSSTEIGEN GLÜCKLICH MACHT

Bahnhöfe sind magische, zauberhafte und zugleich traurige Orte. Die Tränen des Abschieds mischen sich mit denen der Freude über eine schöne Reise in die Ferne. Hier sind große Gefühle zu Hause. Mit ihren hohen Türmen und riesigen Hallen erinnern alte Bahnhöfe an Kirchen. In diesen imposanten Kathedralen des Fortschritts wurde dem Glauben an die Technik gehuldigt, den Eisenbahngesellschaften war das viel Geld wert. Betritt man einen Bahnhof, so lässt man die Vergangenheit zurück, um sich der Zukunft zuzuwenden. Jede Bahnreise führt zu neuen Zielen – so ist das auch heute noch.

PARIS

Man könnte sie als die Königin der Städte mit wunderschönen Bahnhofsbauten bezeichnen: Von den sechs Pariser Kopfbahnhöfen sind drei ganz besonders herausragend. Der *Gare du Nord* galt lange Zeit als Schmuddelkind, trotz seiner majestätischen Fassade. Von zwielichtigen Gestalten und Leichen in den Schließfächern sprach gar der Schriftsteller Georges Simenon, dessen Kommissar Maigret auch hier ermitteln musste. Heute ist der Gare du Nord ein europäischer Vorzeigebahnhof. Mehr als 670 000 Reisende pro Tag nehmen von hier einen Zug nach London, Amsterdam, Brüssel oder Köln, darunter sind so klingende Namen wie Eurostar und Thalys.

Nicht weit entfernt liegt der 1849 eröffnete Ostbahnhof, *Gare de l'Est*. Von hier geht es ins Elsass nach Straßburg, aber auch in den Raum Frankfurt am Main und nach Süddeutschland. Der Bahnhof hat mehrmals Geschichte geschrieben: 1867 empfing dort Kaiser Napoleon III. den österreichischen Kaiser Franz Joseph I. Am 4. Oktober 1883 startete hier der erste Zug des Orient-Express mit dem Ziel Konstantinopel. Und noch ein bekannter Zug nahm am Pariser Ostbahnhof seinen Anfang: der von der russischen Staatsbahn betriebene Nachtzug Paris–Moskau.

Der nach Süden ausgerichtete Bahnhof *Gare de Lyon* mit seinem riesigen Uhrenturm repräsentiert die PLM, die bedeutendste französische Eisenbahngesellschaft des späten 19. Jahrhunderts: Die *Compagnie des chemins de fer de Paris à Lyon et à la Méditerranée*. Was wir heute bestaunen, ist bereits ein Neubau, der zur Weltausstellung 1900 in Paris besonders prächtig ausfallen sollte. Dazu passt das bekannte Bahnhofsrestaurant »Le Train Bleu« mit seiner prunkvollen, denkmalgeschützten Belle-Époque-Ausstattung. Es wurde von Marius Toudoire entworfen, die 41 Gemälde im Inneren wurden bei 30 Malern in Auftrag gegeben und stellen vor allem die Städte und Regionen dar, die das Bahnnetz der PLM einst mit Paris verband.

LONDON

Auch die britische Metropole besitzt mehrere Hauptbahnhöfe. Neben Victoria Station lohnt sich ein Blick auf *St. Pancras International*. Ein Uhrenturm dominiert das im neugotischen Stil errichtete Empfangsge-

BAHNHÖFE SPIEGELN EISENBAHNGESCHICHTE. Moderne Hallen mit Hochgeschwindigkeitszügen wie in Mailand (oben) stehen Bauwerken gegenüber, die Alt und Neu miteinander vereinen. Beim Londoner Bahnhof St. Pancras stammen Teile des Empfangsgebäudes noch von 1863, die Bahnsteige und eine Shoppingmall sind aus diesem, noch jungen Jahrhundert.

St Pancras

bäude, das als architektonisches Meisterwerk der Viktorianischen Zeit gilt und eher an Schlösser und Kathedralen erinnert als an eine Haltestelle für Züge. Früher gab es sogar ein Hotel direkt im Bahnhof. Als Filmkulisse musste er auch schon herhalten, Batman und Harry Potter waren schon hier. Wer auch einmal dort ankommen möchte: Seit 2007 ist St. Pancras der Endpunkt der Eurostar-Züge von Brüssel und Paris.

HELSINKI

In Finnlands Hauptstadt trifft der Reisende auf einen Bahnhof aus dem Jahr 1919. Auch hier handelt es sich schon um das zweite Bahnhofsgebäude, nachdem das erste zu klein geworden war. Der Architekt Eliel Saarinen wählte Elemente des Jugendstils und des Neoklassizismus. Die klare Formensprache fand endlich Gefallen, nachdem der ursprünglich vorgesehene neuromanische Entwurf abgelehnt worden war. In der Bauplanung war ursprünglich auch ein Warteraum, heute würde man Suite sagen, für den russischen Zaren vorgesehen. Da der aber 1918, noch vor der Fertigstellung des Bahnhofs ermordet wurde, wurden diese Räume hinfällig.

MADRID

Die Stadt zeigt mit ihrem Bahnhof Atocha, dass alt und neu gut nebeneinander bestehen können. Der *Madrid Puerta de Atocha* ist einer der beiden Fernbahnhöfe Madrids. Im Gegensatz zum Nordbahnhof Chamartín liegt er im Zentrum der Metropole. Die alte Bahnhofshalle ist berühmt für ihre große Dachkonstruktion aus Gusseisen und Glas, die zwischen 1888 und 1892 im Jugendstil errichtet wurde. Seit 1992 ganz in der Nähe eine neue, deutlich größere Bahnsteighalle in Betrieb ging, befindet sich unter dem riesigen Gewölbe der alten Halle ein tropischer Palmengarten, der als Wartehalle und Treffpunkt genutzt wird. Durch den Bau von Tunneln ist mittlerweile aus dem Kopf- ein Durchgangsbahnhof geworden. Für die Tunnel hat der Volksmund die Bezeichnung »Túnel de la risa« gefunden, zu Deutsch »Tunnel des Gelächters« – für Planung und Bau hatte man ganze 34 Jahre benötigt.

HAMBURG

Eine Hafenstadt und das »Tor zur Welt« muss über eine gute Schienenanbindung verfügen. Der Hauptbahnhof ist der meistfrequentierte Fernbahnhof der Deutschen Bahn. Hier läuft der Verkehr zusammen, der früher an verschiedenen Stationen der Stadt endete: am Lübecker, am Berliner und am Hannoverschen Bahnhof. Da nur zwölf Bahnsteiggleise zur Verfügung stehen, gilt der Hauptbahnhof als völlig überlas-

DAS EISENBAHNZEITALTER in Prag nahm hier seinen Anfang. Der Masaryk-Bahnhof ist der älteste in der tschechischen Hauptstadt. Der erste Zug fuhr hier bereits im Jahr 1845 ein. Die wunderbare Empire-Architektur mit Elementen der Neorenaissance ist in fast unveränderter Form bis heute erhalten geblieben.

tet, als »Flaschenhals« im DB-Netz. Die Platznot zwischen Alster und Elbe war schon beim Bau abzusehen. Die Lösung damals war ein sogenannter Reiterbahnhof: Das Empfangsgebäude liegt dabei wie eine Brücke über den Gleisen. Eine interessante Konstruktion, die nun schon 120 Jahre alt ist.

MAILAND

Die *Stazione di Milano Centrale* ist ein klassischer Kopfbahnhof und der wichtigste im italienischen Verkehrsnetz. Er wurde 1931 offiziell eingeweiht, um den alten Hauptbahnhof von 1864 zu ersetzen, denn seit der Eröffnung des Simplontunnels war die alte Station dem erhöhten Verkehrsaufkommen nicht mehr gewachsen. An dem unter Mussolini errichteten Monumentalbauwerk wurde 20 Jahre lang gearbeitet. Die lichtdurchflutete Eingangshalle mit Fliesenbildern, Mosaiken und Art-déco-Leuchten ist beeindruckend, manche sehen in ihr eher ein Gebirge aus Stein. Immerhin hat dieser Bau, wie auch immer man ihn bezeichnen mag, 24 Bahnsteiggleise – also doppelt so viele wie Hamburg.

ANTWERPEN

Der erste Bahnhof im belgischen Antwerpen war die Endstation der 1836 eröffneten Bahnlinie von Mechelen und damit ein Kopfbahnhof. Mit der Verlängerung der Bahn zum Hafen entstand ein Durchgangsbahnhof. Als der Verkehr auf der Schiene zunahm, mussten die Gleisanlagen völlig neu geplant werden und 1873 wurde Antwerpen wieder zum Kopfbahnhof. Das heutige Empfangsgebäude in seinem eklektizistischen Stil stammt aus den Jahren 1899 bis 1905. Dieser Baustil fügt verschiedenste Stile aus der Vergangenheit zu etwas Neuem zusammen, hier waren der Bahnhof von Luzern und das Pantheon in Rom Vorbilder. Dem wunderschönen Gebäude mit der riesigen Kuppel drohte 1960 der Abriss, denn der kalkhaltige Stein zerbröckelte, ein Fahrgast wurde sogar von einem herabfallenden Stein getroffen. Doch der Denkmalschutz rettete den Prachtbau. 1993 begann die grundlegende Renovierung, man schuf einen historischen Bahnhof mit moderner Halle. Die Züge im Bahnhof Antwerpen-Centraal fahren heute auf zwei Ebenen, für manche ist es ein Kopfbahnhof, für andere ein Durchgangsbahnhof.

PRAG

Das »Paris des Ostens« hat selbstverständlich einen Hauptbahnhof, zu dem diese Bezeichnung auch passt. *Praha hlavní nádraží*, oder kurz: Praha hl.n., stammt aus dem Jahr 1871 und war der Endpunkt der »k.k. priv. Kaiser Franz-Josephs-Bahn«, die von Wien aus ins heutige Tschechien führte. Schnell waren auch hier die Gebäude und Gleisanlagen zu klein und in den Jahren 1901 bis 1909 wurde das stattliche, bis heute genutzte Empfangsgebäude im Jugendstil und mit großer Kuppel errichtet. Dabei verwendete man Elemente des ersten Bahnhofsgebäudes. Diese Symbiose aus Alt und Neu, zusammen mit der riesigen Bahnhofshalle und dem goldenen Flügelrad auf dem Uhrenturm bestaunen heute gern die Touristen. Besonders in Prag ahnt so mancher, dass diese Bahnhöfe der Jahrhundertwende die alten, vergessenen Herzen der Metropolen sind, von denen aus einst die Welt entdeckt wurde.

BAHNHOF IM JUGENDSTIL. Der Prager Hauptbahnhof und seine K-u.-k.-Vergangenheit begeistern die Touristen in der Moldau-Metropole immer wieder. Zur »Goldenen Stadt« oder auch der »Stadt der hundert Türme« gehört er einfach dazu.

JAHRHUNDERTE BEGEGNEN SICH bei der Fahrt durch deutsche Lande mit dem ICE bei Bad Kösen. Die Rudelsburg (links im Bild) und die Ruine der Burg Saaleck wachen über die Saale. Die beiden alten Schlösser liegen an der Straße der Romantik. Der ICE verbindet Erfurt mit dem Großraum Halle/Leipzig.

Heimatliche Gefilde

Deutschland, Österreich, Schweiz

DEUTSCHLAND

VOM DAMPFROSS ZUM DOPPELSTOCK-INTERCITY

Als vor bald 200 Jahren die Eisenbahn von Nürnberg nach Fürth dampfte, war das die erste mit einer Lokomotive betriebene Zugstrecke in Deutschland. Bisher kannte man nur beschauliche Pferdebahnen. Dass man die Rösser durch eine Maschine ersetzt hatte, glich damals einem Quantensprung, etwa so wie heute der riesige Schritt vom einfachen Personal Computer hin zu künstlicher Intelligenz und Quantencomputern.

Der Siegeszug der Dampfmaschine führte damals recht bald zum elektrischen Strom, den man nun mit einem Generator erzeugen konnte. Dampfkraft und Elektrizität lösten eine industrielle Revolution aus. Viele neue Fabriken mit qualmenden Schornsteinen waren das Symbol für die neue Zeit. Das Land erlebte einen Eisenbahnboom, es wurde von immer mehr Zuglinien durchzogen, denn die benötigten Rohstoffe wie auch die erzeugten Produkte mussten schließlich in immer größeren Mengen transportiert werden. Das Ruhrgebiet benötigte Erz für seine Stahlindustrie und die Zuckerrüben der Bauern sollten schnell und günstig zur Zuckerfabrik kommen.

DIE BAYERISCHE ZUGSPITZBAHN unterhalb des Waxenstein im Wettersteingebirge. Vom Endbahnhof der meterspurigen Zahnradbahn geht es mit einer Seilbahn weiter auf den Gipfel der Zugspitze, mit 2982 Meter Deutschlands höchsten Berg.

MARKANTE BAHN-BAUWERKE. Über den Rhein zwischen Düsseldorf und Neuss führt die Hammer Eisenbahnbrücke. Die moderne Stahlbogenkonstruktion ist 814 Meter lang. Ein historisches Schmuckstück hingegen ist die Oberbaumbrücke an der Spree in Berlin (oben).

Die Kohle der Ruhrzechen wiederum war im ganzen Land gefragt, denn all diese Fabriken benötigten Kohle in großen Mengen. Dampfmaschinen hielten die Betriebe über Transmissionen in Gang, sie erzeugten Strom für Motoren und Beleuchtung. Selbst die Landwirtschaft wusste fahrbare Dampfmaschinen zu schätzen, die sogenannten Lokomobile etwa halfen beim Dreschen. Und der heute noch gebräuchliche Begriff »Dampfwalze« zeugt davon, wie die Mechanisierung im Straßenbau einst begonnen hatte. Dass mit Kohle nicht nur in ganz Deutschland geheizt wurde, sei nur nebenbei erwähnt.

Die Dampfkraft ermöglichte den rasanten Anstieg der Produktivität. Und die Produktivität erzeugte Verkehr. Die Industriegesellschaft war hungrig nach Stahl für Maschinen, für Lokomotiven und Waggons, schier unbegrenzt war der Bedarf an Eisenbahnschienen, Brücken und Industriebauwerken aller Art.

Zudem verlangte das Militär weitere Bahnstrecken – allerdings allein aus strategischen Gründen. Immer größere Kanonen und Geschütze konnten nur noch mit Zügen verlegt werden. Auch hier hatten die Pferde, die bisher eingesetzt waren, recht bald ausgedient, und geeignete Lastwagen gab es genauso wenig wie gute Straßen. Weil Krieg und Landesverteidigung ohne die Eisenbahn nicht mehr denkbar waren, wurden die einst mit privatem Kapital gegründeten Bahngesellschaften verstaatlicht. Mit dem Geld aus der Staatskasse entstanden sogenannte Kanonenbahnen, die wegen ihrer spektakulären Streckenführung heute gern von ganz friedlichen Museumsbahnvereinen mit Dampfzügen befahren werden. Eine wirtschaftliche Bedeutung hatten diese Strecken nicht – von der Tourismusförderung heutzutage einmal abgesehen.

An Reisende dachte man um die Jahrhundertwende weniger. Schon gar nicht an Menschen, die einfach nur aus Vergnügen mit der Bahn fahren würden. In Friedenszeiten wurde das jedoch bald anders. Bequem im Eisenbahncoupé reiste die Familie aus der Stadt zur Sommerfrische an die See. Für die Berliner Bevölkerung war die Ostsee nicht weit. Wer es sich leisten konnte, dessen Reiseziele hießen Wien, Venedig oder Paris. In Verbindung mit dem Schiff wurden echte Fernreisen möglich, so verbrachten Engländer gern den Winter in Ägypten. Der Orient-Express, *der* Luxuszug überhaupt, machte auch das auf sehr komfortable Weise möglich.

Die große Blütezeit des Eisenbahnurlaubs erlebte Deutschland in der Wiederaufbauzeit nach 1945. Das eigene Auto war noch ein Luxus, den sich kaum jemand leisten konnte. Aber es gab ja glücklicherweise die beliebten Touristik-Sonderzüge. Ab 1951 bot Touropa für jedermann bezahlbare Bahnreisen nach Österreich, in die Schweiz und nach Italien an. Später kamen Jugoslawien und Spanien hinzu. Mit neu entwickelten Liegewagen waren auch die weitesten Ziele recht bequem zu erreichen und entsprechend gut nachgefragt. Auch die damalige Deutsche Bundesbahn hatte diesen Markt für sich entdeckt. Sie wollte mit noch bequemeren Schlafwagen- und Auto-Reisezügen punkten. Ein Urlaub jenseits der Alpen wurde so wieder zum Luxus. Im weichen Bett, das Auto auf einem speziellen Transportwagen verladen, also ganz ohne Stress hinterm Lenkrad und gut ausgeschlafen sollten die Reisenden jenseits der Alpen in der Sonne des Südens ankommen.

Auch das ist fast schon wieder Geschichte. Der Autotransport auf der Schiene und auch die Schlafwagenzüge haben in den vergangenen Jahren immer wieder zur Disposition gestanden. Von wenigen Ausnahmen abgesehen, wie etwa der Autoverladung nach Westerland (Sylt), dominieren Autos, Wohnmobile und natürlich Flugzeuge die Reise an einen Urlaubsort. Die Auswirkungen sind regelmäßig in den Ferienmonaten zu beklagen. Wie so ein eigentlich überflüssiges Verkehrschaos aussieht, kann man regelmäßig auf der beliebten Ostseeinsel Usedom bestaunen. Auto an Auto und gestresste Autofahrer, die über andere Autofahrer schimpfen. Da sind Eisenbahnkenner auf Usedom klar im Vorteil: Sie bummeln mit der Usedomer Bäderbahn über die Insel und gelangen ohne Parkplatznot und Stress im wahrsten Wortsinn »zügig« an jeden Strand.

Schon sehr früh experimentierte die Bäderbahn mit umweltfreundlichen Schienenfahrzeugen. Einige Dieseltriebwagen aus DDR-Zeiten, sogenannte »Schweineschnäuzchen«, wurden kurz nach der Wende auf Betrieb mit Flüssiggas umgebaut.

Gerade die kleineren Bahnen fahren heute auf Nebenstrecken schon häufig mit alternativen Brennstoffen wie Biodiesel oder Wasserstoff. Auch Ökostrom treibt mittlerweile kleinere batteriebetriebene Züge an. Die »große« Bahn dagegen setzt auf die Elektrifizierung ihrer Hauptstrecken und zunehmend auf hybride Lokomotiven. Diese Elektrolokomotiven sind zusätzlich mit einem kleinen Dieselmotor ausgestattet und können somit auch dort fahren, wo es keine Fahrleitung gibt. Noch schickt die Deutsche Bahn viel zu wenig Ökostrom in ihre Oberleitungen. Dennoch zählt sie im Vergleich mit anderen Verkehrsträgern ohne Zweifel zu den umweltfreundlichen Verkehrsmitteln.

Wenn nun auf den Autobahnen alles stundenlang steht und sich in einer Abgaswolke das schlechte Gewissen des Fahrers regt, dann ist irgendwann eine Schmerzgrenze erreicht. Spätestens jetzt denkt der völlig genervte Autofan auch mal – eher unwillig – über eine Bahnfahrt nach. Vielleicht fragt er sich dann, warum er nicht schon eher auf diese Idee gekommen ist? Man kann im Zug arbeiten, Gedanken entwickeln oder einfach nur relaxen. Und schon folgt Autofahrers nächste Idee: Im Zug lässt sich auch das Reisen an sich genießen! Man muss es nur anders betrachten und neu denken. Und anstatt von Köln nach Frankfurt am Main einen Kurzstreckenflug zu buchen, könnte man auch entlang des Rheins eine genussvolle Bahnfahrt erleben. Die Neubaustrecke ist schneller – zugegeben! Aber wollten wir nicht entschleunigen und

genießen? Also werden wir diese gemütliche Reise entlang des Rheins allein wegen der schönen Aussicht antreten.

Man könnte ebenso gut mit der Harzer Schmalspurbahn auf den Brocken fahren, weil dort die Fernsicht so fantastisch ist. Man könnte auch die mecklenburgische Seenplatte gemütlich mit dem Bummelzug bereisen. Man könnte sogar in der oberen Etage eines Doppelstock-IC tagelang quer durch ganz Deutschland fahren. Einfach so. Dort hätte man die beste Aussicht auf Burgen und Schlösser, auf Wälder und Auen. Immer wieder fällt dabei der Blick auf das Leben rechts und links der Gleise. Und während man so stressfrei und umweltverträglich unterwegs ist, sieht man auch, dass sich nicht einmal seltene Tiere am Bahndamm durch einen Intercity stören lassen.

Zugegeben, der gute Ruf der Bahn hat gelitten. Jahrzehntelang wurde zu wenig investiert. Engpässe im Streckennetz verursachen Umleitungen und Verspätungen. Falsche Wagenreihungen, überfüllte Züge und schlimmstenfalls komplette Zugausfälle sind ein Ärgernis. Als Deutschland sich im Sommer 2022 mit dem 9-Euro-Ticket aufmachte, das Heimatland zu erkunden, wurden diese Mängel deutlich. Gleichzeitig waren viele Menschen begeistert von der für sie neuen Eisenbahnwelt. Die Faszination lag in der völlig ungewohnten Art zu reisen: Neues sehen, neue Menschen kennenlernen und ein neuer, ganz anderer Blick auf die Welt.

Die Eisenbahnlandschaft Deutschlands hat Menschen mit Reiselust viel zu bieten. Das reicht von der historischen Dampfeisenbahn am Chiemsee bis hin zum modernen Hochgeschwindigkeitszug, der die Metropolen Europas miteinander verbindet. Man muss die vielfältigen Möglichkeiten auf der Schiene nur entdecken.

VOLLDAMPF in der Fränkischen Schweiz. Im Tal der Wiesent, unterhalb der Burg Gößweinstein, ist die Reise im Dampfzug ein Erlebnis.

PFERDEBAHNEN gibt es noch heute. Auf der ostfriesischen Insel Spiekeroog reicht 1 PS, um den Bahnbetrieb abzuwickeln. Bereits 1885 wurde die Strecke zwischen Dorf und Badestrand eröffnet. Unlängst wurden die Schienen erneuert und ein zweites Pferd angeschafft. Diese Bahn hat Zukunft!

MIT DER HARZBAHN AUF DEN BROCKEN

ERLEBNIS AUF OFFENER BÜHNE

Die Harzer Schmalspurbahnen zählen in Deutschland zu den bekanntesten und beliebtesten Ausflugsbahnen. Das Highlight ist die Fahrt mit einem Dampfzug auf den Brocken, dem mit 1141 Meter höchsten Berg in ganz Norddeutschland. Das Streckennetz der 140 Kilometer langen Meterspur-Bahn erstreckt sich über den gesamten Harz zwischen Wernigerode, Gernrode und Nordhausen, die Abzweigung auf den Brocken befindet sich in Drei Annen Hohne. Zu DDR-Zeiten war die Strecke wegen ihrer Grenznähe gesperrt. Die Südharz-Eisenbahn-Gesellschaft von Walkenried nach Braunlage, die in Westdeutschland lag, wurde schon 1963 stillgelegt und die Verbindung zu dem östlichen Netz gekappt.

In der DDR konnte man auf die Bahn als öffentliches Verkehrsmittel nicht verzichten, es gab umfangreichen Personen- und Güterverkehr. Zudem war der Harz auch zu DDR-Zeiten eine sehr beliebte Urlaubsregion. Da noch lange mit modernen Dampflokomotiven gefahren wurde, bot es sich nach der Wende 1989 an, den Dampfbetrieb als Touristenattraktion beizubehalten. In Wernigerode konnte im Sommer 2022 eine hochmoderne Dampflokwerkstatt in Betrieb genommen werden.

Die Fahrt mit der Schmalspurbahn ist ein einmaliges Erlebnis. Sie windet sich um den Berg, um Höhe zu gewinnen. Die Personenwagen haben eine offene Bühne, auf der man die Fahrt auch im Freien genießen kann. Geboten wird ein atemberaubender Ausblick in alle Himmelsrichtungen. Mit rund 1 Million Fahrgästen im Jahr ist die Brockenbahn der gefragteste Streckenteil der Harzer Schmalspurbahnen.

DAMPF ÜBER DEN WOLKEN. Die Bahn, die im Nationalpark Harz den Brocken erklimmt, setzt regelmäßig Dampflokomotiven aus DDR-Zeiten ein. Mit 1141 Metern Höhe ist der Brocken der höchste Berg in Norddeutschland.

RUHIG FLIESST DIE DONAU DAHIN. Über die Eisenbahnbrücke nahe der Burgruine Dietfurt poltert kein Zug und auf der Straße ist kein Auto zu sehen. Der Naturpark Obere Donau erwartet den Sonnenaufgang. Nicht mehr lang, dann wird das Tal zum Leben erwachen.

EIN GRANDIOSER BLICK INS TAL, von der Bastei in der Sächsischen Schweiz auf die Elbe. Am linken Ufer bei Rathen ist ein Güterzug nach Tschechien unterwegs. Die Aussichtsplattform der Bastei mit ihren bizarren Felsformationen zählt zu den beliebtesten Ausflugszielen in Sachsen.

›› EIN GUTER TROPFEN reift hier an der Mosel. Bald wird die Weinernte beginnen. Die Bahn trägt seit jeher den treffenden Spitznamen »Saufbähnchen«.

LINKSRHEINISCH IMMER AM FLUSS ENTLANG

DARUM IST ES AM RHEIN SO SCHÖN

Die linke Rheinstrecke gilt als eine der schönsten Eisenbahnlinien in Deutschland. Zwischen Köln und Mainz hat man vom Abteilfenster aus über weite Strecken beste Sicht auf den Fluss, der wie kein anderer im Nationalbewusstsein der Deutschen verankert ist. Mythen und Märchen ranken sich um Burgen und Schlösser, um die Schifffahrt und die berüchtigten Gefahrenstellen wie die Loreley bei Sankt Goarshausen. Das sagenumwobene Rheingold, das hier einmal gewonnen wurde, hat sogar einem berühmten Luxuszug mit Panoramawagen einst den Namen gegeben.

Vor mehr als 150 Jahren wurde der Bau der heute zweigleisigen und elektrifizierten Hauptbahn begonnen. Drei unterschiedliche Bahngesellschaften waren an den unterschiedlichen Abschnitten der 181 Kilometer langen Strecke beteiligt. Die Gleise folgen weitgehend dem engen Flusstal, das von den Gebirgszügen von Hunsrück und Eifel sowie Taunus und Westerwald umschlossen wird. Die ausgesprochen reizvolle Lage mit steil ansteigenden Weinbergen und ihrer Vielzahl von historischen Stätten hat dem Rheintal zum Titel UNESCO-Weltkulturerbe verholfen. Touristen aus der ganzen Welt haben die Strecke auf ihrem Reiseplan.

Mit der Inbetriebnahme der ICE-Neubaustrecke von Köln nach Frankfurt hat sich etwa die Hälfte des Reiseverkehrs verlagert. Seit 2002 kann man hier mit Hochgeschwindigkeitszügen direkt zum Frankfurter Flughafen gelangen, die Fahrzeit verkürzt sich um eine Stunde. Wer es aber nicht eilig hat, sollte auch die rechte Rheinstrecke im Blick haben. Sie führt aus dem Raum Köln über Bonn nach Rüdesheim und Wiesbaden. In Neuwied und Niederlahnstein kann man übrigens mit der Bahn auf die andere Rheinseite wechseln.

VATER RHEIN und seine Wahrzeichen bei Bingen: der Mäuseturm auf einer Flussinsel und gegenüber die Burg Ehrenfels.

STEILE GLEISE DURCH DEN SCHWARZWALD

VOM HÖLLENTAL INS HIMMELREICH

Der Schwarzwald ist ein Eldorado für Eisenbahnliebhaber!. Die Höllentalbahn von Freiburg im Breisgau nach Neustadt und die Drei-Seen-Bahn von Titisee nach Seebrugg suchen ihresgleichen. Sie zählen zu den steilsten Hauptbahnen in Deutschland. Haltestellen mit so wohlklingenden Namen wie Waldsee, Himmelreich und Hirschsprung laden zum Wandern ein. Die Eisenbahnfotografen zieht es zur Ravennaschlucht mit ihrem Viadukt. Auf einer Strecke von gut 25 Kilometern werden zwischen Freiburg und Hinterzarten 617 Höhenmeter überwunden, das war bis 1933 nur mit Zahnradbetrieb zu schaffen. Dann kamen die schweren Dampflokomotiven der Baureihe 85: Nur zehn Stück wurden speziell für die Einsätze im Schwarzwald gebaut. Bereits 1936 wurde die Steilstrecke elektrifiziert und die riesigen Dampfloks waren überflüssig.

Am Bahnhof Titisee zweigt von der Höllentalbahn die Dreiseenbahn ab, die zu den schönsten Bahnlinien in Süddeutschland zählt. Vom Titisee zum Schluchsee bei Seebrugg sind es 19 Kilometer. Auf einem nur 7,6 Kilometer langen Abschnitt müssen die Züge 112 Höhenmeter bezwingen. Der Ort Bärental besitzt im normalspurigen Netz der Deutschen Bahn mit 967,1 Meter den höchstgelegenen Bahnhof. Hier geht es dann zum Gipfel des 1493 Meter hohen Feldbergs. Zu Fuß – dann braucht man gute Wanderschuhe. Oder man nimmt einfach die Seilbahn.

Von Seebrugg aus fahren im Sommer regelmäßig Züge der Museumsbahn. Der Verein IG 3-Seenbahn besitzt einige Lokomotiven, darunter eine original Höllentalbahn-Dampflok. Die 85 007 steht derzeit als Denkmal im Bahnbetriebswerk Freiburg. Vielleicht kehrt sie bald wieder auf ihre Stammstrecke zurück und fährt dann mit Volldampf vom Höllental in Richtung Himmelreich – zur Freude aller Eisenbahnfans!

BESTE AUSSICHTEN! Bei einer Bahnfahrt durch den Hochschwarzwald ist im Oberdeck des Doppelstockzuges genau der richtige Platz.

DER SCHWARZWALD bei Hinterzarten macht die Fahrt auf der Höllentalbahn zu einer Genussreise. Am Höllensteig wird die Ravenna-Schlucht überquert. Es folgen zahlreiche Tunnel und Brücken, bis die Reise am Titisee oder am Schluchsee in einer Höhe von etwa 900 Metern endet.

DIE WIEDERENTDECKUNG DER LANGSAMKEIT

RÜGENSCHE BÄDERBAHN

Der »Rasende Roland« fährt zwischen Putbus und Göhren auf der Insel Rügen. Das Besondere dieser 750-Millimeter-Schmalspurbahn sind ihre zwei verschiedenen Aufgaben: Im Sommer handelt es sich hauptsächlich um eine Touristenbahn, die mit ihren Dampflokomotiven aus DDR-Zeiten den Badegästen ein tolles Verkehrsmittel bietet. Im restlichen Jahr aber ist die Bäderbahn ein ganz normales öffentliches Verkehrsmittel mit einem festen Fahrplan. Betreiber ist kein Verein mit ehrenamtlichen Mitarbeitern, sondern eine private Eisenbahngesellschaft mit Sitz im sächsischen Jöhstadt. Das heißt, der Spaß am Bahnfahren und die Aufgaben des öffentlichen Personennahverkehrs sind hier optimal miteinander verknüpft. Besser kann es eigentlich nicht laufen.

RUHRTALBAHN

Diese normalspurige Museumsbahn führt an dem Fluss entlang, der dem Ruhrgebiet seinen Namen gegeben hat. In heute idyllischer Natur wird die Fahrt mit der Bahn zu einer Reise durch die Industriegeschichte von Kohle und Stahl. Der Zug startet im Eisenbahnmuseum Bochum-Dahlhausen, einem der größten in Deutschland. In Hattingen kann man ein altes Hüttenwerk besichtigen, inklusive Besteigung der Hochöfen. Es folgen zwei romantische Orte, die Burg Blankenstein und die Burgruine Hardenstein. Hier setzen die Radfahrer, die auf dem beliebten Ruhrtalradweg unterwegs sind, mit einer Fähre ans andere Ruhrufer über – man kann in dem Zug nämlich auch das Fahrrad mitnehmen. Wenig später hält er an der Zeche Nachtigall, einer der frühen Steinkohlezechen an der Ruhr. Nächster Stopp ist das Gruben- und Feldbahnmuseum Zeche Theresia. Von hier aus fährt auch eine Feldbahn die Besucher zur Zeche Nachtigall. Die parallel verlaufende Ruhrtalbahn endet dann in Wengern bei Witten.

FICHTELBERGBAHN

Diese Schmalspurbahn mit 750 Millimeter Spurweite ist typisch für Sachsen und das Erzgebirge. Zwischen Cranzahl und dem Kurort Oberwiesenthal sollte sie helfen, diesen schwer zugänglichen Landstrich zu entwickeln. Schon früh spielte der Ausflugsverkehr auf den Fichtelberg eine große Rolle. Nach der Wende 1989 drohte die Stilllegung. 2007 wurde die Strecke von der Sächsischen Dampfeisenbahngesellschaft übernommen, die kräftig in Gleise, Fahrzeuge und eine Werkstatt investierte. Der neue Name Fichtelbergbahn und ein entsprechendes Marketing haben die Fahrgastzahlen erheblich gesteigert. Der Bahnhof im Wintersportort Oberwiesenthal liegt 892 Meter hoch, der Fichtelberg bringt es auf 1215 Meter und ist damit der höchste Berg in Sachsen. Bahnhof und Gipfel sind über eine Seilbahn miteinander verbunden.

WUTACHTALBAHN

Die Bahn im Südschwarzwald wird auch gern »Sauschwänzle-Bahn« genannt, das liegt an der kurvenreichen Streckenführung mit mehreren Kehrschleifen, Tunneln und Viadukten. Manchmal wird aber auch der Begriff »Kanonenbahn« gebraucht, denn die Militärs hatten den Bau der Strecke aus strategischen Gründen vorangetrieben. Die Grenze zu Frankreich ist nicht weit und dort könnte ja wieder ein Krieg drohen – so dachte man damals. 1890 wurde die Strecke eröffnet, 1976 der Personenverkehr eingestellt und schon ein Jahr später als Museumsbahn zwischen Weizen und Blumberg-Zollhaus wieder aufgenommen. Ohne einen rührigen Verein mit fleißigen Eisenbahnenthusiasten wäre das nicht möglich gewesen. Die normalspurige Bahn, auf der die Züge verschiedenster Vereine unterwegs sind, gilt als architektonisches Meisterwerk in einer besonders reizvollen Landschaft.

DAMPFBAHN FRÄNKISCHE SCHWEIZ

Die Dampfbahn befährt den Streckenabschnitt zwischen Ebermannstadt und Behringersmühle, es ist das letzte Stück einer Nebenbahn, die in Forchheim, an der Hauptstrecke Nürnberg–Bamberg, beginnt. Man kann also bequem mit der Bahn nach Ebermannstadt anreisen und in den Nostalgiezug umsteigen. Den Fahrgast erwartet eine typisch oberfränkische Nebenbahn, die komplett mit ihrer Trasse und allen Hochbauten unter Denkmalschutz steht. Der interessante Fahrzeugpark wird in eigenen Werkstätten gewartet. Die Züge durch das idyllische Wiesenttal werden sowohl mit Dampf- als auch mit Diesellokomotiven gefahren. Ein Dieseltriebwagen mit zwei Beiwagen gehört auch zur Fahrzeugsammlung. Die Reichsbahn hatte ihn 1937 als damals modernstes Nebenbahnfahrzeug angeschafft, derzeit wird er aufwendig restauriert.

... UND AUSSERDEM

MUSEUMSEISENBAHN HAMM Am östlichen Rand des Ruhrgebietes bieten die Eisenbahnfreunde Hamm auf der alten Ruhr-Lippe-Eisenbahn regelmäßig Dampflokfahrten nach Lippborg an. Die Fahrgäste können die Lippe mit ihren renaturierten Auen und vielen geschützten Tierarten besuchen.

VULKAN-EXPRESS Die Meterspurstrecke in die Vulkaneifel wird von der Interessengemeinschaft Brohltal-Schmalspureisenbahn e. V. betrieben. Der Vulkan-Express bringt die Ausflügler mit Dampf- und alten Dieselloks vom Rhein rund 400 Höhenmeter hinauf nach Kempenich-Engeln, unweit vom Laacher See.

»HESSENCOURRIER« So nennen sich die Dampfzugfahrten auf der Kleinbahn Kassel–Naumburg, die am ICE-Bahnhof Kassel-Wilhelmshöhe beginnen. Das nordhessische Bergland bietet auf der 33 Kilometer langen Strecke beachtliche Steigungen, die von den Dampfloks bewältigt werden müssen.

HÄRTSFELD-MUSEUMSBAHN Ganz im Osten von Baden-Württemberg, zwischen Neresheim und Katzenstein, fährt die 110 Jahre alte Dampflok »Liesele« auf Meterspurgleisen zum Härtsfeldsee. Die Strecke war schon abgerissen und musste im historischen Stil neu aufgebaut werden. Eine Verlängerung nach Dischingen ist geplant.

AMMERSEE-DAMPFBAHN Die Bahn verbindet den drittgrößten See in Bayern mit dem Bahnpark Augsburg. Das ehemalige DB-Betriebswerk besitzt einen denkmalgeschützten Rundlokschuppen mit Drehscheibe. Neben Dampflokomotiven aus Deutschland, Österreich und Frankreich sind seltene Elektrolokomotiven aus ganz Europa zu sehen.

WINTERDAMPF im Naturpark Fichtelgebirge (links) oder Sommerdampf auf Rügen. Dampfzüge sind zu jeder Jahreszeit ein Touristenmagnet.

Schafberg

ÖSTERREICH

MEISTERWERKE DER INGENIEURSKUNST

Nur zwei Jahre nach der Eröffnung der ersten deutschen Eisenbahn fuhr auch in der kaiserlichen Monarchie Österreich der erste Zug. Auch hier hatte das Zugzeitalter zunächst mit einer Pferdebahn begonnen: von Budweis über Linz nach Gmunden. Die Eröffnung dieser immerhin 129 Kilometer langen Bahn fand 1832 statt. Als eigentliche Geburtsstunde der Eisenbahn in Österreich gilt aber der Spatenstich für die 1838 eröffnete Kaiser Ferdinands-Nordbahn. Dieses Projekt wurde, wie alle frühen Eisenbahnen, privat finanziert. Heute würden wir diese Aktiengesellschaften als Start-ups bezeichnen, die schon bald zu »Blue Chips« an den Börsen wurden. Die neuen Bahngesellschaften waren wirtschaftlich sehr erfolgreich und bis zur Verstaatlichung im Jahr 1906 war auf diese Weise ein umfangreiches Streckennetz entstanden. Die Nordbahn galt als die wichtigste Eisenbahngesellschaft der Habsburgermonarchie.

Die Regierung in Wien war von der Bedeutung des neuen Verkehrsmittels so überzeugt, dass bereits 1896 ein kaiserlich-königliches Eisenbahnministerium gegründet wurde. Die privaten Bahnen sollten verstaatlicht werden – aus einem einfachen Grund: Die hohen Renditen sah man in den Taschen der Aktionäre nicht gut aufgehoben. Sie sollten vielmehr einer neuen, wegweisenden Verkehrspolitik dienen. Um ein noch dichteres Eisenbahnnetz zu schaffen, wurden nun zahlreiche neue Strecken offensiv angegangen. Für den Bau gleich mehrerer Alpenbahnen stellte der Staat enorme Summen bereit. Heute würde man die Gelder von damals mit 1,76 Milliarden Euro beziffern. Es war das größte Investitionsvorhaben in den letzten Jahrzehnten der Monarchie.

Die »Neuen Alpenbahnen«, damals ein feststehender Begriff, sollten vor allem die Regionen südlich der Alpen besser an das Kernreich anschließen. Dafür musste man aber ein gewaltiges Gebirge mit über 3000 Meter hohen Bergen überqueren. Bereits 1854 war die Semmeringbahn in Betrieb gegangen, nun sollten in moderner Bauweise mit zahlreichen Tunneln die Tauernbahn, die Pyhrnbahn, die Karawankenbahn sowie die Wocheiner Bahn die Höhen überwinden. Bei der Tauernbahn durchquerte ein 8371 Meter langer Tunnel den Gebirgskamm, der Karawankentunnel der Linie nach Triest ist 7976 Meter lang, und im Wocheiner Tunnel wird es erst nach 6327 Metern wieder hell. Was die Reisenden bis heute fasziniert, sind die zahlreichen Brücken und Viadukte sowie die langen Galerien zum Schutz gegen Steinschlag und Felsstürze.

Die österreichisch-ungarische Doppelmonarchie hinterließ nach ihrem Ende 1918 ein erheblich kleineres Österreich. Viele gewinnträchtige Linien fielen an die Tschechoslowakei, Polen und Ungarn. Die in Unterhaltung und Betrieb teuren Alpenbahnen hingegen blieben bei Österreich. Man kann es aber auch so sehen: Es war ein Vermächtnis grandioser Bahnen! Die Semmeringbahn gehört heute zum UNESCO-Welterbe, damit wird eine technische und bauliche Meister-

HOCH HINAUS will die Schafbergbahn. Mit den Österreichischen Bundesbahnen kommt man über Salzburg (oben) zum Wolfgangsee. Bis zum Gipfel des Schafbergs muss die Zahnradbahn dann noch 1240 Höhenmeter überwinden.

leistung geehrt. Erstmals in der Welt hatte bereits 1854 die Eisenbahn am Semmeringpass eine Höhe von fast 1000 Metern erreicht.

Auch eine technische Vorreiterrolle Österreichs sollte Beachtung finden. Schon früh, in den 1920er-Jahren, wurden zahlreiche Bahnlinien elektrifiziert. Die vielen Stauseen im Gebirge lieferten über ihre Generatoren reichlich Strom, der in der kohlearmen Alpenrepublik bei der Bahn gute Verwendung fand.

Weniger Zuspruch bekamen hingegen die nach 1945 gegründeten Österreichischen Bundesbahnen, kurz ÖBB. Ähnlich wie in Deutschland war eine Beamtenapparat entstanden, dem Privilegien wie teure Gehalts- und Pensionierungsregelungen vorgeworfen wurden. Vielleicht war es aber auch nur so, dass man die alten Zeiten nie vollständig über Bord geworfen hat. Der Einfluss der Regierung auf das Bahnmanagement und die Betriebsführung werden bis heute kritisiert. »Das kennen wir doch«, wird man in Deutschland sagen. Auch nach der ÖBB-Bahnreform im Jahr 2004 ähneln die Probleme durchaus denen der Deutschen Bahn.

Das sollte aber kein Hinderungsgrund sein, Österreich mit der Bahn zu bereisen. Es gibt viele Urlauber, die gerade das immer noch spürbare Flair und den Charme der untergegangenen Monarchie geradezu lieben: die Zeugnisse einer großen Kultur, die Kaffeehausatmosphäre, die Wiener Gemütlichkeit und den Schmäh. Mancher Eisenbahner hat die Ruhe weg und ist damals wie heute gern bereit, den »Piefkes« etwas über Kaiserschmarrn, Sacher-Eis und Wiener Schmankerl zu erzählen. Augenzwinkernd gibt es dann die Fahrplanauskunft gratis dazu.

DIE ZUGSPITZE von Österreich aus gesehen. Die Außerfernbahn von Kempten nach Garmisch-Partenkirchen führt, wie hier bei Lermoos, ein Stück durchs Nachbarland, wird aber von der Deutschen Bahn betrieben.

VORBEI AN SCHLOSS TRAUTENFELS in der Steiermark und am schroffen Berg Grimming. Die wehrhafte Anlage verfügt über einen repräsentativen Festsaal sowie ein Museum mit einer Sammlung zur Natur- und Kulturgeschichte des Ennstals. Die Enns ist der längste Binnenfluss Österreichs und mündet in die Donau.

EIN MARKENZEICHEN

DIE SEMMERINGBAHN

Beinahe jeder Eisenbahningenieur und jeder Eisenbahnliebhaber kennt den Semmering und seine 1854 eröffnete Bahn. Der Begriff steht synonym für kurvenreiche Gebirgsstrecken mit aufwendigen Kunstbauten wie Tunneln, Brücken, Stützwänden oder Galerien gegen Felsstürze. Es gibt in Sachsen und Schlesien Strecken, die diesen Namen tragen. Es gibt einen Westfälischen Semmering und einen Prager Semmering. Überall werden große Höhenunterschiede im Adhäsionsbetrieb überwunden.

Die bloße Reibungslast der Lokomotive drückt die Stahlräder auf eine stählerne Schiene. Es wird keine Zahnstange benötigt, auch kein Seil, das den Zug schleppt. Stahl auf Stahl reichen, um Hunderte von Tonnen über den Berg zu ziehen. Bei Nässe streuen die Loks feinen Sand vor ihre Räder, damit diese noch greifen. Der Lokführer muss mit viel Feingefühl spüren, ab wann die Räder durchdrehen würden und der Zug liegen bleibt.

Wohlgemerkt, man fuhr mit Dampflokomotiven! Der Heizer musste ein kräftiger Bursche sein und ununterbrochen Kohle in die Feuerbüchse schaufeln. Der Mann an seiner Seite war »Der Meister«, ein älterer, erfahrener Lokführer, der seine ihm fest zugewiesene Lok bestens kannte. Sein Berufsethos war: pünktlich ankommen! Koste es, was es wolle! Und die größte Blamage wäre gewesen, am Berg stehen zu bleiben und eine Hilfslok anfordern zu müssen.

DIE KLASSISCHE GEBIRGSBAHN schlechthin ist die Semmering-Bahn in Österreich. Als älteste ihrer Art gehört sie zum UNESCO-Welterbe. Ein besonderes Bauwerk ist der Kalte-Rinne-Viadukt. Mit einer Länge von 182 Metern und einer Höhe von 46 Metern ist er der größte unter allen 15 Viadukten dieser Strecke.

MODERNSTE DAMPFLOKTECHNIK bei der Schafbergbahn am Wolfgangsee in Österreich. Lok Z14 wurde erst 1995 in der Schweiz gebaut. Eine Ölfeuerung sorgt für ausreichend Dampfdruck im Kessel. Bei der meterspurigen Zahnradbahn beträgt die Höchstgeschwindigkeit 13 Stundenkilometer – also genug Zeit zum ausgiebigen Schauen.

ZU DEN SALZWELTEN im Salzkammergut führt eine Standseilbahn vom Hallstätter See 350 Meter in die Höhe. Hier kann das älteste Salzbergwerk der Welt besichtigt werden. Es ist heute noch in Betrieb. Über Rutschen gelangt man in die Stollen – so lässt sich jedes Kind für einen Besuch begeistern.

207

SCHWEIZ

IM EISENBAHN-VORZEIGELAND

In nur wenigen Ländern der Erde kommt der Eisenbahn eine so große Bedeutung zu wie in der Schweiz. In puncto Zugdichte und Qualität nehmen die Eidgenossen einen internationalen Spitzenplatz ein. Die schwierige Topografie erfordert technische Pionierleistungen, sowohl beim Anlegen der Bahntrassen wie auch bei der Entwicklung von Fahrzeugen, und die Vielfalt der technischen Lösungen zum Bezwingen der Berge erstaunt noch heute. Die meisten Zahnradstrecken, Standseilbahnen oder Seilbahnen sind auch nach weit mehr als einem Jahrhundert zuverlässig in Betrieb. Noch erstaunlicher ist es, dass das Grundnetz der konventionellen Eisenbahn bereits vor dem Ersten Weltkrieg vollendet war.

Als in Deutschland und Österreich schon erste Dampfzüge fuhren, wurde im Nachbarland noch geplant. Viel Zeit kostete die Diskussion, ob man Eisenbahnen privat bauen und betreiben solle, oder ob hier eine hoheitliche Aufgabe des Staates zu sehen wäre. Zunächst setzte sich das private Kapital durch und am 9. August 1847 wurde die erste Eisenbahn auf Schweizer Boden eröffnet. Schnell wurden die flachen Gebiete und das Voralpenland von vielen kleineren Bahngesellschaften erschlossen. Ebenso schnell mussten diese wenig später fusionieren, um wirtschaftlich überleben zu können.

Im Jahr 1872 wurde die Eisenbahnhoheit von den Kantonen auf den Bund übertragen. Dies steigerte nochmals die Bautätigkeit, von einem regelrechten Eisenbahnfieber war die Rede. Jedes Tal suchte Anschluss ans Schienennetz, an die große weite Welt. Nach der Euphorie der Gründerjahre folgten die Rückschläge auf dem Fuß. Parallel verlaufende Eisenbahnlinien machten sich gegenseitig Konkurrenz. Orte wie Winterthur und Zofingen hatten viel investiert – nun drohte ihnen der finanzielle Ruin. Einige Bahnprojekte konnten nicht mehr verwirklicht werden, andere Bahnen mussten sich nicht lange nach ihrer Eröffnung mit anderen zusammenschließen.

All das hat nicht verhindert, was in einer Denkschrift von 1884 »die Überschienung der Alpen« genannt wurde. Das große Vorbild war die Semmeringbahn in Österreich. Die Berge mussten einfach jeden Eisenbahningenieur herausfordern. Was Hannibal im Jahr 218 v. Chr. mit Elefanten gelungen war, sollte doch auch mit gut durchdachten Bahntrassen und den richtigen Lokomotiven möglich sein. Es war möglich! Das zentrale Problem einer Eisenbahn über die Schweizer Alpen waren die Tunnel, in diesem Fall der Gotthardtunnel. Auf dem 15 Kilometer langen Durchstich lasten 1100 Meter Gebirge, der Tunnel muss entwässert und mit gewaltigen Kompressoren belüftet werden. Wäh-

DER HÖCHSTE BAHNHOF IN EUROPA! Die Jungfraubahn in der Schweiz schafft diesen Superlativ, ihr Endbahnhof Jungfraujoch liegt fast 3500 Meter hoch. Die Berge drumherum, die hier im Berner Oberland so sprechende Namen wie Jungfrau und Mönch tragen, kommen über die 4000er-Marke. Ähnlich schön ist die Route des Bernina-Express (oben) am zugefrorenen See Lej Pitschen in Graubünden.

‹‹ DER RHEINFALL mit Schloss Laufen bei Schaffhausen an der deutsch-schweizerischen Grenze, die in der Mitte des Flusses verläuft.

rend der Bauarbeiten ab 1872 starben 199 Arbeiter, es gab Krankheiten, wegen schlechter Arbeitsbedingungen wurde gestreikt und viele Arbeiter liefen einfach fort. Aufgrund all dieser Schwierigkeiten konnte der Eröffnungszug erst nach zehn Jahren, am 1. Juni 1882 durch den Tunnel rollen. Wenn man bedenkt, dass für den 2016 fertiggestellten, aber auch längeren Gotthard-Basistunnel mit modernsten Maschinen 17 Jahre Bauzeit gebraucht wurden, dann unterstreicht das die Leistung von damals.

Deutlich wird hier auch die Bedeutung der Schweizer Bahnen im europäischen Verbund. Für die großen Nord-Süd-Magistralen sind die Alpen kein Hindernis mehr. Ob sie nun Gotthard-, Lötschberg-, Furka- oder Albulatunnel heißen: Sie sind für den Frachtverkehr ohne Alternative. Einen Containerzug von Antwerpen oder Rotterdam nach Genua oder Triest zu schicken, ist dank der Tunnel kein Problem mehr. Erst recht sind sie für Touristen eine Attraktion. Man kann im Zug sein Auto mitnehmen, aber auch, zumindest im Sommer, die alten Wege über die Pässe nutzen. Das betrifft die Straße wie die Schiene. Ein Schauspiel ersten Ranges, wie etwa bei der Strecke der Furka-Oberalp-Bahn und der Furka-Dampfbahn.

Dort, wo es steil bergan geht, fährt man in der Schweiz mit Zahnradbahnen. Wo es noch steiler wird, schweben Seilbahnen dem Gipfel entgegen. Schaut der Urlauber ins Tal, sieht er zwischen grünen Wiesen blaue Seen in der Sonne glitzern. Schaut er in die Ferne, so fällt der Blick auf ein Panorama von schneebedeckten Drei- und Viertausendern. Der Tourismus war für den Bahnbau in der Schweiz immer ein entscheidendes Motiv. Für Sommerfrischler und Wintersportler

sollten das ganze Jahr hindurch die schönsten Orte bequem erreichbar sein.

Dieses Ziel wurde mit Bravour erreicht. Die Schweiz gilt als Eisenbahn-Musterland. Die Verkehrspolitiker in Europa sehen hier ein Vorbild für ihre eigenen Länder: Vorrang für die Schiene, pünktliche Züge im Taktverkehr, perfekter Service. Man könnte denken, die wunderschönen Landschaften mit ihren Seen und Bergen, die Bauernhäuser mit ihren Blumenbalkonen, die Kühe und Heuschober – all das hätten die Schweizer Bahngesellschaften nur als Kulisse aufgebaut, um Fahrgäste anzulocken. Wer sich da nicht sicher ist, sollte hinfahren und nachschauen. Es lohnt sich!

»TOP OF EUROPE« wird sie genannt, die Strecke der Jungfraubahn vom Bahnhof Kleine Scheidegg zum Jungfraujoch. Die Tunnelstation am Gipfel liegt 3454 Meter hoch. Der Zug der Zahnradbahn passiert gerade ein Speicherbecken.

ATEMBERAUBEND SCHÖN ist die Bergwelt mit ihren schneebedeckten Gipfeln und Gletschern. Hier im Berner Oberland ist die Jungfraubahn das perfekte, aber auch einzige Verkehrsmittel. Mehr als sieben Kilometer der Bahn, die 1912 fertiggestellt wurde, verlaufen in Tunneln. Eine technische Meisterleistung!

DIE SCHÖNSTEN BERGBAHNEN DER SCHWEIZ

HOCH HINAUF INS EWIGE EIS

VITZNAU-RIGI-BAHN

Die Schweiz ist per se das Land der Bergbahnen. Es gab exzellente Ingenieure und schon früh einen ausgeprägten Tourismus. Warum also die Gäste nicht auf die Berggipfel bringen? Am Vierwaldstättersee begann alles mit einer sensationellen Entwicklung: einer Bahn, die mithilfe von Zahnrädern und einer Zahnstange in der Mitte des Gleises große Steigungen bewältigen konnte. Die erste Zahnradbahn Europas fuhr 1871 von Vitznau nach Rigi Staffelhöhe und zwei Jahre später weiter bis Rigi Kulm auf 1797 Meter über dem Meer. Während der 30-minütigen Fahrt hat man damals wie heute einen spektakulären Ausblick auf den See und das Schweizer Mittelland. Um das Erlebnis perfekt zu machen: Zwei 100 Jahre alte Zahnraddampfloks und ein Salonwagen stehen immer noch für Fahrten bereit. Von Arth-Goldau nach Rigi Kulm fährt noch eine weitere Zahnradbahn. Das gesamte Bergmassiv mit Rigi Kulm und Rigi Scheidegg wird zusätzlich durch sieben Seilbahnen erschlossen.

PILATUSBAHN

Auch der zweite Superlativ, die Pilatusbahn, liegt nahe am Vierwaldstättersee. Sie ist die steilste Zahnradbahn der Welt, beginnt in Alpnachstad und führt nach Pilatus Kulm auf den 2132 Meter hohen Gipfel. Seit der Eröffnung 1889 werden hier Steigungen bis zu 48 Prozent gemeistert. Die atemberaubende Trasse ist 4,6 Kilometer lang und wird heute in 30 Minuten bewältigt. Einer der ersten Dampftriebwagen der Pilatusbahn kann im Deutschen Museum in München bestaunt werden. Heute sind moderne, vor Kurzem erst beschaffte Elektrotriebwagen im Einsatz.

JUNGFRAUBAHN

Die höchste Eisenbahnstation Europas findet sich auf dem Jungfraujoch. Die elektrische Zahnradbahn muss von der Kleinen Scheidegg durch Eiger und Mönch knapp 1400 Höhenmeter überwinden, um den Tunnelbahnhof in 3454 Meter Höhe zu erreichen. Bereits 1912 wurde die fast zehn Kilometer lange Strecke, die in diese extreme Höhe führt, eröffnet. Wer noch höher hinaus will, kann sich von Zermatt mit der Luftseilbahn zum Matterhorn aufmachen. Die Bergstation liegt 3883 Meter hoch und bis zum Berggipfel geht es mit einem Lift nochmal etwas höher zu einer Aussichtsplattform. Das einmalige Panorama bietet etwa 40 Alpengipfel in ewigem Eis und Schnee.

BRIEN-ROTHORNBAHN

Sie zählt mit zu den ältesten Zahnradbahnen der Schweiz. Im Gegensatz zu anderen Bahnen wurde sie nie elektrifiziert – eine bewusste Entscheidung, um sie besonders attraktiv zu machen. Zusammen mit der Dampfbahn Furka-Bergstrecke ist sie die einzige planmäßig mit Dampflokomotiven verkehrende Eisenbahn in der Schweiz. Allerdings findet der Betrieb nur in der Sommersaison statt. Die Bahn war finanziell nie auf Rosen gebettet. Als in den 1990er-Jahren Modernisie-

BEI BERGBAHNEN wie der Jungfraubahn (oben) bekommt man garantiert keine kalten Füße – auch, wenn es ganz gemütlich zugeht. Bei der Vitznau-Rigi-Bahn wird eine halbe Stunde gebraucht, um die 7 Kilometer auf den Rigi-Gipfel zu schaffen.

rungsmaßnahmen anstanden, ließ sie kurzerhand bei der Schweizer Lokomotivfabrik in Winterthur neue Dampflokomotiven bauen. Die modernen Maschinen sind ölgefeuert und werden elektrisch vorgeheizt – für die Fachwelt eine kleine Sensation.

NIESENBAHN

Schauen wir nun auf eine Standseilbahn, die Niesenbahn am Thuner see im Berner Oberland. Bei diesen Bahnen werden die Wagen von einem Stahlseil nach oben gezogen. Gleichzeitig ist ein anderer Wagen nach unten unterwegs. Da er an demselben Seil hängt, werden die Massen geschickt ausgeglichen. Allerdings können auf diese Art nur kürzere Strecken bewältigt werden. Wer auf den 2362 Meter hohen Berg Niesen will, kann aber auch einen ganz anderen Weg wählen: Eine Treppe mit 11 674 Stufen führt entlang der Bahn nach oben. Es soll die längste Treppe der Welt sein, und wer sehr sportlich ist, kann sie angeblich in etwa einer Stunde schaffen.

... UND AUSSERDEM

STANSERHORN-BAHN Eine einmalige Attraktion ist die Cabrio-Gondel der Luftseilbahn auf das Stanserhorn. Auf dem Dach der Kabine befindet sich eine Art Freiluft-Terrasse. Man genießt hier, falls man schwindelfrei ist, die beste Aussicht auf zehn Schweizer Seen und die Kette der Alpen.

STOOSBAHN Diese futuristische Standseilbahn von Schwyz nach Stoos ist weltweit die steilste ihrer Art. Damit die Fahrgäste immer einen waagerechten Boden unter den Füßen haben, sind die kreisrunden Kabinen beweglich gelagert.

GELMERBAHN Sie ähnelt einer Achterbahn. Ursprünglich war es eine Werkbahn, die beim Bau der Gelmer-Staumauer gebraucht wurde. Seit 2004 können Touristen in offenen Wagen den Nervenkitzel einer Steigung von 106 Prozent hautnah erleben.

RIGI KALTBAD Die Luftseilbahn am Vierwaldstättersee macht an Sommerabenden ihre Panorama-Kabine zu einem schwebenden Restaurant. Auf der Speisekarte steht ein köstliches Dinner und mit etwas Glück gibt es dazu einen romantischen Sonnenuntergang über den Alpengipfeln.

GORNERGRATBAHN Die Zahnradbahn von Zermatt zum Gornergrat ist nach der Jungfraubahn die zweithöchste Bergbahn in Europa. Sie wird mit Drehstrom betrieben, was dazu führt, dass die Fahrzeuge zwei Stromabnehmer haben. Hier zeigt sich Schweizer Ingenieurskunst: Seit der Eröffnung 1898 wird bei der Talfahrt durch die Motorbremse Strom gewonnen und ins Netz zurückgespeist.

SCHWINDELERREGEND ist der Blick in die Rheinschlucht im Kanton Graubünden. Im »Grand Canyon der Schweiz« geht es bis zu 400 Meter in die Tiefe, der Zug wirkt wie eine Spielzeugeisenbahn. Die Rhätische Bahn fährt hier auch mit offenen Aussichtswagen durch die 13 Kilometer lange Schlucht.

ÜBER DEN BERG NACH ITALIEN. Es ist ein Alpenpass, den die Berninabahn von St. Moritz in der Schweiz nach Tirano in der Lombardei überwindet – ohne Zahnradbetrieb. Die Streckenführung ist so spektakulär, dass die Bahn als gemeinsames schweizerisch-italienisches UNESCO-Welterbe geführt wird.

LINIEN IM SCHNEE zeichnen die Albulabahn, der Fluss Landwasser und der gleichnamige Viadukt bei Filisur. Die Zahnradbahn von Zermatt zum Gornergrat ist nach der Jungfraubahn die zweithöchste in Europa.

« WASSERFALL UND MATTERHORN – zwei imposante Motive beim Blick aus dem Fenster der Gornergratbahn.

WINTERWUNDERLAND bei Schloss Tarasp im Engadin. Der Zug der Rhätischen Bahn ist von Bever gekommen und wird im Bahnhof Scuol-Tarasp enden. Hier erinnert selbst das Bahnhofsgebäude mit seinem Uhrenturm und verspielten Vorbauten an ein Schloss.

AUF DEM WEG NORDWÄRTS ist Savolinna in Finnland einen Stopp wert. Mehr als ein Drittel des Stadtgebietes ist von Wasser bedeckt. Mittendrin steht die Burg Olavinlinna. Sie ist heute die besterhaltene mittelalterliche Festung in Nordeuropa.

Nördliche Streifzüge

Norwegen, Schweden, Finnland, Baltikum

NORWEGEN, SCHWEDEN, FINNLAND, BALTIKUM

RICHTUNG POLARLICHT, IMMER DIE GLEISE ENTLANG

Mit der Bahn bis zu den Nordlichtern am Nordkap – oder zumindest bis Narvik: Dieses Abenteuer soll an der »Vogelfluglinie« beginnen. Sie verbindet den Großraum Hamburg mit der Region Kopenhagen. Momentan werden die Züge über Odense auf Jütland umgeleitet. Rund um Fehmarn ist eine gigantische Baustelle zu bestaunen, denn die Fährverbindung über den Fehmarnbelt wird derzeit durch einen 17,6 Kilometer langen Straßen- und Eisenbahntunnel unter der Ostsee ersetzt. Die bekannte Bogenbrücke über den Fehmarnsund bei Großenbrode ist in die Jahre gekommen und steht unter Denkmalschutz. Nach 60 Jahren wird sie nun wieder in Schuss gebracht und bleibt für den leichten Straßenverkehr erhalten. Für den immer schwerer werdenden Güterverkehr auf Schiene und Straße wird parallel ein sogenannter Absenktunnel unter der Ostsee hindurch gebaut.

Von Kopenhagen aus lohnt sich ein Abstecher nach *Norwegen.* Die schwierige Topografie und die dünne Besiedlung des Landes haben den Bahnbau, der immerhin schon 1854 begann, ziemlich erschwert. Rund um Oslo gibt es ein relativ dichtes, überwiegend elektrifiziertes Streckennetz. Für Touristen sind die Bergenbahn, die Flåmbahn, die Floibahn (Standseilbahn), die Raumabahn und die Thamshavnbahn interessant.

WILDNIS IN LAPPLAND. Das Gebiet nördlich des Polarkreises ist sehr dünn besiedelt, aber mit der Bahn recht gut erschlossen. Von der regen Bergbautätigkeit zeugt ein alter, stillgelegter Bahnhof (oben).

‹‹ MODERNE VERKEHRSWEGE nach westlichen Standards in der Nähe von Litauens Hauptstadt Vilnius. Das Baltikum ist in Europa angekommen.

Je weiter man nach Norden reist, umso spärlicher wird das Angebot an Eisenbahnen. Die *Nordlandsbahnen* betreiben Norwegens längste Eisenbahnstrecke zwischen Trondheim und Bodø, dem nördlichen Endbahnhof am Nordmeer. Hierher gibt es täglich zwei direkte Zugpaare, die jeweils fast zehn Stunden unterwegs sind.

Wer noch weiter nach Norden will, hat in Trondheim die Möglichkeit, in einen Zug nach *Schweden* umzusteigen. Die schwedische Eisenbahn hatte 1939 mit einer Streckenlänge von insgesamt 16 900 Kilometern ihre größte Ausdehnung erreicht. Bis 2019 schrumpfte das Netz auf 10 900 Kilometer, aber in den verbliebenen Rest hat man dann viel Geld investiert. Die Gleise wurden grundlegend erneuert und schnelle Züge mit Neigetechnik angeschafft. Im Sommer 2008 wurden erstmals nach 20 Jahren wieder durchgehende Züge vom schwedischen Malmö nach Narvik in Norwegen angeboten. Die Verbindung wird als Lapplandståget, also als Lapplandzug bezeichnet. Dieser Zug legt immerhin 2147 Kilometer zurück – eine echte Langstrecke, die in Europa einen Spitzenplatz einnimmt.

Noch weiter im Norden, im Bahnhof Boden, treffen wir auf die legendäre Erzbahn von Kiruna zum Hafen Luleå am Bottnischen Meerbusen. Hier am Schiffsanleger enden die weltbekannten 8000-Tonnen-Erzzüge mit ihren gewaltigen Doppellokomotiven, die fast 15 000 PS auf die Schiene bringen. Nach der Überquerung des Polarkreises und der Grenze zu Norwegen ist in Narvik der Endpunkt der Bahn erreicht. Wer weiter zum Nordkap möchte, dem nördlichsten Punkt auf dem europäischen Festland, der muss nun ein Flugzeug oder Schiff nehmen. Mit dem Auto wären noch 700 Kilometer zu fahren.

Vielleicht reizt auch ein Besuch in *Finnland?* Zwischen dem schwedischen Erzhafen Luleå und dem finnischen Oulu, auf der anderen Seite des Bottnischen Meerbusens, soll dies auf Schienen recht bald möglich sein, denn eine seit 30 Jahren stillgelegte Bahnlinie soll wiedereröffnet werden. Bei der Eisenbahn ist hier aus historischen Gründen ein Spurwechsel angesagt. Denn als die erste Bahnlinie zwischen Helsinki und Hämeenlinna 1862 eröffnet wurde, gehörte das Großherzogtum Finnland zum Russischen Kaiserreich. Somit wurden Eisenbahnen in der breiteren russischen Spurweite von 1524 Millimeter angelegt. Eine Verlängerung von Riihimäki zum neuen Finnischen Bahnhof in Sankt Petersburg folgte 1870. Recht bald verband eine Eisenbahnbrücke über die Newa in Sankt Petersburg die Finnischen Staatsbahnen mit den Russischen Eisenbahnen. Nach der Unabhängigkeit Finnlands im Zusammenhang mit der Oktoberrevolution 1917 wurde der russische Teil der Linie an die russischen Behörden abgetreten. Die finnische Lok Hk1 293, auf der sich Lenin bei seiner illegalen Einreise nach Petrograd, dem heutigen St. Petersburg, versteckt hatte, kann heute noch bewundert werden: am Finnischen Bahnhof in St. Petersburg, der Stadt, die früher auch einmal Leningrad hieß.

Die enge Bindung an Russland findet sich auch in den *Ländern des Baltikums* wieder. Das beginnt bei der Spurweite und reicht bis zum Rigaer Waggonbau, wo zu Sowjetzeiten fast alle elektrischen Vorortzüge, die *Elektritschkas* gebaut wurden. Heute sind Litauen, Lettland und Estland NATO-Mitglieder, die ihren großen Nachbarn mit Argwohn beobachten. Mit dem derzeitigen Bau der Rail Baltica führt auch eine Normalspurstrecke durch die Baltischen Staaten. Spätestens seit der Annexion der Krim durch Russland hat diese Bahn große militärische Bedeutung. Noch komplizierter ist es mit dem Eisenbahnkorridor durch Litauen zur russischen Exklave Kaliningrad, dem früheren Königsberg. Mögliche Konflikte sind hier zum Greifen nah.

Die Schönheit der Ostseeküste gerät bei alledem ins Hintertreffen, sollte aber trotzdem nicht vergessen werden - eine geschichtsträchtige Region, die von Bernsteinküsten über alte Hansestädte und uralte Dörfer bis hin zu romantischen Schmalspurbahnen sehr viel zu bieten hat.

ZUG MIT HERBSTLANDSCHAFT in Mittelschweden. Die Idylle findet sich bei Smedjebacken am See Norra Barken. Die Region rund um Dalarna gehört zu den gefragten Urlaubszielen.

WILDE BERGLANDSCHAFT, ein Gebirgsbach mit reißender Strömung, Felsbrocken und eine Brücke aus Bruchsteinen, die genau aus dieser Gegend im norwegischen Romsdalen stammen. Wer möchte nicht in diesem Zug sitzen?

HOHE BERGE UND TIEFE FJORDE sind das Markenzeichen Norwegens. Auf der Bahnfahrt von Oslo nach Bergen erlebt man beides. Der Hafen von Bergen liegt an einem besonders tiefen Fjord. Hier starten die Fähren der Hurtigruten-Linien und Kreuzfahrtschiffe aus aller Welt legen an.

DIE BELIEBTESTEN NACHTZÜGE

AUTOLOS DURCH DIE NACHT

Beim Nachtzug scheiden sich oft die Geister. Der eine kann darin nicht schlafen, der andere fühlt sich wie im siebten Himmel. Das leichte Hin- und Herwiegen des Schlafwagens, das endlose Tack-Tack, wenn über Weichen gefahren wird, die verwischten Geräusche und Stimmen von draußen, das sanfte Beschleunigen und das vielleicht raue Abbremsen des Zuges – all das sind für echte Bahngenießer Eisenbahnträume, die in diesem Moment Wirklichkeit werden. Meistens wacht man morgens auf und reibt sich verwundert die Augen: Wo sind wir? Wie heißt der Ort? Sind wir schon da? Wie ist das Wetter? Eigentlich ist das Reisen im Nachtzug das Hauptziel und das Ankommen am Zielort nur eine angenehme Nebensache. Wer solch eine Fahrt plant, kann den preiswerten Sitzwagen, den bequemeren Liegewagen oder den komfortablen Schlafwagen wählen.

AUTOREISEZÜGE

Beim Autoreisezug ist dann auch noch der Pkw oder das Motorrad mit dabei. Gerade die Autoreisezüge von Norddeutschland nach München erfreuen sich größter Beliebtheit. Seit die Deutsche Bahn den Betrieb eingestellt hat, sind private Anbieter im wahrsten Wortsinn »am Zug«. So startet der *Urlaubs-Express* in Hamburg und Düsseldorf. Über Nacht geht es nach München, Innsbruck, Lörrach und Verona. Es handelt sich um öffentliche Züge, die auch in den Fahrplänen der Deutschen Bahn zu finden sind, aber meistens nur in der Sommersaison verkehren.

NIGHTJET

Die Österreichische Bundesbahn ist eine der wenigen Staatsbahnen in Europa, die diesen zukunftsträchtigen Markt bedienen. Mit ihrem Nightjet werden Metropolen in 25 Ländern Westeuropas angefahren. Derzeit stellen die Österreicher 33 neue, siebenteilige Züge mit höchstem Komfort auf die Schiene, die alle auch von verschiedenen anderen Bahnen mit vermarktet werden. Nehmen wir also ganz bequem den ÖBB-Nachtzug von München nach Venedig. Die schnellste Reisezeit ohne Umsteigen beträgt 13 Stunden. Wer nachts im Schlafwagen einschlafen will, wird sich vielleicht an so düstere Geschichten wie den Mord im Orient-Express erinnern. Zur Beruhigung sei gesagt, es handelt sich dabei um reine Fiktion von Agatha Christie, deren Kriminalroman gleich fünfmal verfilmt wurde.

ISTANBUL-SOFIA-EXPRESS

Wen beim Wort Orient-Express die Reiselust packt, der kann den Istanbul-Sofia-Express nehmen. Er ist ein Angebot der Türkischen Staatsbahn TCDD. Abfahrt ist um 20.45 Uhr am Bahnhof Istanbul-Halkalı, auf der westlichen Seite des Bosporus. Am nächsten Tag um 9.35 Uhr wird Sofia erreicht. Umgekehrt geht es 18.30 Uhr in Sofia los, um dann zum ersten Frühstück um 5.34 Uhr in Istanbul zu sein. So spart man sich eine Hotelübernachtung und lernt Europas Südosten – oder

NACHTS REISEN – AM TAG ANKOMMEN. Mit dem österreichischen Nightjet (oben) ist man von Deutschland aus schnell und gut versorgt in Rom. Weiter kann man mit einem italienischen Nachtzug bis Palermo fahren. Die Überfahrt nach Sizilien übernimmt eine Eisenbahnfähre, der Zug wird in Villa San Giovanni auseinander rangiert, um die Wagen aufs Schiff schieben zu können.

doch zumindest die Bahnhöfe – sozusagen im Schlaf kennen. Für Backpacker und Interrail-Fans genau das Richtige.

BERLIN-NIGHT-EXPRESS

Eine andere Himmelsrichtung gefällig? Der Berlin-Night-Express des schwedischen Eisenbahnunternehmens Snälltåget macht es möglich. Von April bis Anfang November fährt dieser Nachtzug von der deutschen Hauptstadt nach Malmö in Südschweden. Eine neue nächtliche Direktverbindung nach Deutschland bietet jetzt auch die schwedische Staatsbahn SJ an. Zwischen Hamburg und Stockholm verkehrt der Nachtzug sieben Mal pro Woche. Ob man allerdings im Sommer hier noch von einem Nachtzug reden kann, bleibt dahingestellt – die Mittsommernacht mit ihren weißen Nächten hat bekanntlich eine magische Anziehungskraft. In Schweden wird die Sommersonnenwende als das größte Fest des Jahres gebührend gefeiert.

INTERCITÉS DE NUIT

In Frankreich betreibt die Staatsbahn SNCF ein eigenes Nachtzugnetz innerhalb der Landesgrenzen. Mit den Intercités de Nuit erreicht man von Paris aus die Französischen Alpen, Nizza mit der Côte d'Azur, die Pyrenäen und die Atlantikküste. Alles Ziele, die schnell die Reiselust wecken, aber angesichts der Größe des Landes mit dem Auto einen ganzen Tag in Anspruch nehmen würden – bei vollen Autobahnen (mit Mautgebühr) in der Hauptreisezeit meist kein Vergnügen.

Nachtzüge gelten mal als rollende Jugendherberge, mal als rollendes Hotel. Je nach Geschmack und Abenteuerlust können diese nächtlichen Transportmittel ideale Reisemöglichkeiten darstellen. Diese Züge haben immer ihre ganz eigene Faszination. Man kann aus der Zeit fallen, um im Gewirr der Gleise neue Wege für sich zu finden. Man kann Bekanntschaften machen, die das Leben verändern. Oder noch besser – man wird gleich Schlafwagenschaffner! Es muss ja nicht für immer sein.

NACHTS IM SCHLAFWAGEN ...

..., wenn der Schaffner das Licht gelöscht hat, wenn nur noch die Nachttischlampe behagliches Dämmerlicht verbreitet, wenn das Rotweinglas leise vor sich hin summt, weil die Gleislage es gerade so will – dann ist es an der Zeit, die Reiselektüre hervorzuholen. Es könnte Agatha Christie sein, muss aber nicht. Eher schon Paul Theroux. Wie schrieb er doch beruhigend in *Der alte Patagonien-Express:* »Der Zug ist dein Freund!« Seine Schienenabenteuer füllen gleich mehrere Bücher, schließlich ist er mit der Bahn um die halbe Welt gereist.

Auch Stefan Zweig hat sich immer wieder mit der Eisenbahn beschäftigt, etwa in *Hymnus an die Reise.* Dort heißt es so schön: »Schienen, die blauen Adern aus Eisen, durchrinnen die Welt, ein rauschendes Netz.« Als Lenin sich in seinem Schweizer Exil per Bahn aufmachte, um die Oktoberrevolution anzuführen, schrieb Stefan Zweig in den *Sternstunden der Menschheit:* »Ein Zug sprengt die Ordnung der Zeit.«

Marcel Proust, ein Virtuose des bittersüßen Abschiedsschmerzes, beschreibt in der *Suche nach der verlorenen Zeit,* wie er als Kind seine Mutter zum Zug brachte, aber nicht mitreisen konnte. Den Bahnhof und die gegenüberliegenden Kirchtürme konnte er von da an nur noch mit Traurigkeit anschauen.

Émile Zola bietet uns in *Das Tier im Menschen* düstere Eisenbahnpoesie auf einem nächtlichen Bahnhof: »... und mit jenem klaren Blick, wie ihn Männer an sich haben, deren Unachtsamkeit, dauerte sie auch nur eine Minute, Menschenleben kosten kann, sah er dem abfahrenden Zug lange nach.«

Es gibt wunderbare Anthologien berühmter Autoren. Sozusagen die Juwelen der Eisenbahnliteratur in Kurzform. Auch Hermann Hesse, Gottfried Keller, Thomas Mann, Joseph Roth oder Lew N. Tolstoj haben sich mit dem Phänomen Eisenbahn, das auch ihr Leben geprägt hat, auseinandergesetzt.

Ich bin mir ganz sicher – bevor nun die Nachtruhe beginnt, wird nochmals nachgeschaut, ob die Abteiltür wirklich verschlossen ist.

ALS SCHLEIFENBAHN wird die Flåmsbana gern bezeichnet. Sie zweigt in Myrdal von der Oslo-Bergen-Strecke ab und endet, nachdem sie im Gebirge abenteuerliche Schleifen gefahren ist, in Flåm am Aurlandsfjord.

FOTOSTOPP am sagenumwobenen Wasserfall Kjosfossen. Alle Züge der Flambahn halten hier planmäßig, damit die Touristen aussteigen und in Ruhe fotografieren können. In der Hauptreisezeit werden sogar Tänze vor dem Wasserfall aufgeführt.

›› DIE FLÅMSBANA ist eine 20 Kilometer lange, eingleisige Eisenbahnstrecke im Westen Norwegens. Auf der relativ kurzen Strecke mit ihren 20 Tunneln muss die Bahn 866 Höhenmeter überwinden. Am Wasserfall Kjosfossen gibt es eine Ausweiche, in der sich Züge begegnen können.

GÜTERZÜGE

MIT SCHWEREN LASTEN DURCH DIE WELT

Kinder, die an einer Eisenbahnstrecke aufgewachsen sind, kennen das: Ein endlos langer Güterzug rumpelt langsam vorüber und erste mathematische Kenntnisse werden mit dem Zählen der Güterwagen ausprobiert.

Heute sind Güterzüge so lang, dass die Zahlen von 1 bis 100 kaum noch ausreichen. Und sie sind vergleichsweise schnell. Die Erzbahn, die im schwedischen Kiruna startet und nach Norwegen fährt, ist mit einem 8160 Tonnen schweren Zug, der 700 Meter lang ist, immerhin mit bis zu 60 Stundenkilometer unterwegs! Noch schneller sind die rund 60 Containerzüge, die jede Woche von China zum Duisburger Hafen fahren. Für die rund 12000 Kilometer Entfernung brauchen sie »nur« etwa zwei Wochen. In Deutschland fährt DB Cargo derzeit 30000 Tonnen Kohle täglich von den Häfen an der Nordsee zu den Kraftwerken im Land. Dazu kommen Erz und Koks für die Hüttenindustrie. Die Energieknappheit hat dazu geführt, dass Kohlezüge im Fahrplan Vorrang haben.

So kann es also passieren, dass der Reisende im schönen Rheintal vor einem roten Signal steht und einen Güterzug abwarten muss. Nun kann er sich in seine Kindheit zurückversetzen und rechts die interessante Ruine einer Raubritterburg genauestens betrachten oder beim Blick links aus dem Fenster die endlose Schlange von Güterwagen zählen.

DIE BODENSCHÄTZE von Kiruna in Schweden können über die Erzbahn zum norwegischen Hafen Narvik gebracht werden. An der Grenze beider Länder, bei Bjørnfjell, ist dieser Reisezug aus Schweden unterwegs.

IN LAPPLAND gibt es unwirtliche Orte, in denen niemand leben möchte. Die Einwohnerzahl im schwedischen Riksgränsen, was so viel wie Reichsgrenze bedeutet, ist in den vergangenen Jahren unter 50 gesunken. Die Bahnstrecke muss hier besonders gut gegen Stürme und Schneeverwehungen geschützt werden.

EIN ZUG NACH NIRGENDWO könnte hier fahren. Denkt man vielleicht, aber die Strecke der schwedischen Inlandsbanan hat durchaus ein Ziel: Von Arvidsjaur geht es durch das Binnenland nach Gällivare. Hier trifft die Nebenstrecke auf die Erzbahn von Kiruna.

AM NÖRDLICHEN POLARKREIS, wie hier in Schweden, herrschen oft ungewohnte Lichtstimmungen. Im Sommer wird es nicht dunkel und im Winter kaum noch hell.

DIE LICHTSTRAHLEN DER SONNE erreichen in den Wintermonaten kaum noch die Täler. So ist es auch in dem Gebirge, das die Bahn von Oslo nach Bergen durchquert.

POLARLICHTER sind eines der schönsten und spektakulärsten Phänomene, die die Erde für uns bereithält. Viele träumen davon, das faszinierende Farbspiel am Himmel einmal zu beobachten. Im Norden von Norwegen hat man gute Chancen.

AUF DIE BAHN IST VERLASS! In skandinavischen Wintern ist die Eisenbahn immer ein zuverlässiges Transportmittel. Straßen hingegen sind oft tagelang gesperrt und der Flugbetrieb ist eingeschränkt oder ganz eingestellt.

REISEFIEBER! Die Bahnen in der Mitte Europas machen es möglich. In mehr als 150 Jahren ist ein dichtes Eisenbahnnetz entstanden, das keine Wünsche offenlässt. So wie dieser Zug die Hohe Tatra in der Slowakei durcheilt, so sind die schönsten und spannendsten Ziele gut per Bahn zu erreichen.

Durch Europas alte Mitte

Polen, Slowakei, Tschechien, Ungarn

EUROPAS ALTE MITTE

BAHNWELTEN IM ZENTRUM DES KONTINENTS

Als in *Polen* die ersten Eisenbahnen gebaut wurden, war das Land dreigeteilt. Im damals preußischen Teil wurde 1842 das erste Teilstück der Oberschlesischen Eisenbahn eröffnet. Zwei Jahre später fuhr im russischen Teil ein erster Zug der Warschau-Wiener Eisenbahn. Die Krakau-Oberschlesische Eisenbahn wurde 1847 in Betrieb genommen, sie lag im österreichischen Teil des heutigen Polen. Auch ein Hinweis auf die Vermischung der verschiedenen Kulturen, die sich zwischen Danzig und Prag, zwischen Lemberg und Posen entwickelt haben. Studiert man alte Kursbücher, so kann man die Wege der Reisenden von damals und den damit verbundenen Kulturaustausch nachvollziehen.

Polen ist ein echtes Eisenbahnland. Wer hier mit dem Zug reist, kann sich auf einem Streckennetz von mehr als 19000 Kilometern bewegen. Es gibt immer noch etliche der früher weit verbreiteten Schmalspurbahnen, die heute meistens touristisch genutzt werden. Bemerkenswert sind aber auch Strecken in russischer Breitspur: Zu Sowjetzeiten wurde hier russisches Erz zu den Hüttenwerken bei Kattowitz gebracht und umgekehrt Kohle in die UdSSR. Das ist Vergangenheit, heute heißt das Land jenseits der Grenze Ukraine. Die Zukunft sind Containerzüge, die über die Neue Seidenstraße kommen und umgeladen werden müssen.

SPEKTAKULÄRE BAUWERKE wie die Solkan-Brücke können in Slowenien ein spannendes Reiseziel sein. Vor allem dann, wenn ein Dampfzug (oben), etwa auf der Bohinjer Bahn, die bekannte Vintgar-Klamm überquert.

Die touristischen Highlights reichen von alten Städten wie Krakau bis zur polnischen Ostseeküste, von Masuren bis zum Nationalpark Hohe Tatra. Alles Regionen, in die man gut mit der Bahn gelangen kann. Die Tatra mit ihren Zweitausendern ist auch von der südlichen Seite, von der Slowakei aus, bestens zu erreichen, denn die Tatrabahn startet gleich von zwei Orten aus in das Biosphärenreservat: Von Poprad und Štrba aus fährt sie teilweise als Zahnradbahn, in Starý Smokovec geht es dann mit einer Standseilbahn weiter auf eine Höhe von 1280 Metern. Die Region ist immer noch von der K.-u.-k.-Monarchie geprägt – schließlich ist es von Wien hierher näher als nach Tirol.

Auch was einmal Tschechoslowakei hieß, ist ein Nachfolgestaat der alten Doppelmonarchie. Am 31. Dezember 1992 dann gingen aus der ehemaligen ČSSR die Länder *Tschechien* und *Slowakei* hervor. Die Bahn-Magistrale Prag–Bratislava–Wien ist ein Herzstück in einem alten kulturellen Zentrum Europas. Hier gibt es zwölf Verbindungen am Tag, die schnellsten Züge benötigen gerade mal vier Stunden. Die drei Hauptstädte mit ihrer langen Geschichte bieten natürlich eine große Palette an Sehenswürdigkeiten, da finden die großen Eisenbahnmuseen eher weniger Beachtung. Obwohl hier auch an die seinerzeit führenden Lokomotivfabriken wie Škoda in Pilsen, die Böhmisch-Mährischen Maschinenfabriken CKD in Prag oder die Wiener Lokomotivfabrik in Floridsdorf erinnert wird. Diese Fabriken, die zum Teil heute noch arbeiten, zeugen vom großen Erfindergeist im alten Europa und sind in der ganzen Welt anerkannt.

In die technischen und kulturellen Entwicklungen der vergangenen 170 Jahre war auch *Ungarn* als Teil der Donaumonarchie fest eingebunden. Die erste Bahnstrecke wurde 1846 zwischen Pest und Vác eröffnet. Dieses Datum gilt als die Geburtsstunde der Eisenbahn im Königreich Ungarn. Es handelte sich um eines der ersten Teilstücke der geplanten Bahnverbindung Budapest–Bratislava–Marchegg–Wien am nördlichen Donauufer. Hier verlief später auch ein Teil der Route des legendären Orient-Express. Dieser Luxuszug von London über Paris nach Konstantinopel genießt heute noch einen sagenumwobenen Ruf. Der größte Touristenmagnet im Land ist der Balaton, der Plattensee, der größte See in Mitteleuropa. Er kann bequem per Eisenbahn umrundet werden.

Aus historischen Gründen besonders interessant ist die Bahn am Neusiedler See, von dem der größere Teil in Österreich liegt. Eine 117 Kilometer lange Bahnstrecke in dieser Region wurde auch während des Kalten Krieges von der ungarischen Győr–Sopron–Ebenfurther Eisenbahn weiter betrieben. Bis heute fährt die grenzüberschreitende, eingleisige Regionalbahn sowohl in Ungarn wie auch in Österreich. Zu Zeiten des »Eisernen Vorhangs« war sie ein Unikum, denn man konnte auf diese Weise recht einfach in den Ostblock reisen, und Schmuggler nutzten die Bahn besonders eifrig, um in Ungarn hergestellte Zigaretten unversteuert in die Alpenrepublik zu schleusen. Als die Sache 1980 aufflog, soll ein Steuerschaden von 45 Millionen Euro aufgelaufen sein.

Vielleicht sind solche Vorkommnisse auch ein Ausfluss alter K.-u.-k.-Mentalität? Immerhin war Ungarn das Land, in dem der berüchtigte »Eiserne Vorhang« zuerst Löcher bekam. Ab dem 11. September 1989 erlaubte Ungarn den DDR-Bürgern, die hier Urlaub machten, ganz offiziell die Ausreise nach Österreich. Im selben Jahr, am 9. November, fiel die Berliner Mauer. Im alten Europa war von einem Tag auf den anderen alles anders.

ÖSTERREICHISCHE BAUKUNST in jenem Teil der einstigen Donaumonarchie, der heute Slowenien heißt. Die Solkan-Brücke der Wocheiner Bahn ist Teil der Verbindung Salzburg–Triest und wurde noch vom k.k.-Eisenbahnministerium in Wien errichtet. Sie gilt als die größte gemauerte Eisenbahn-Bogenbrücke der Welt.

DIE »GOLDENE STADT« PRAG. Oder die »Stadt der hundert Türme«. Die schöne Hauptstadt der Tschechischen Republik ist seit jeher ein beliebtes Reiseziel. Im alten Europa war Prag ein Zentrum für Wissenschaft, Kunst und Kultur.

‹‹ ZWEI STRÄNDE, DAZWISCHEN EINE BAHNLINIE. Die polnische Halbinsel Hel in der Nähe von Danzig ist im Sommer mit Zügen aus allen Landesteilen gut zu erreichen.

DIE KINDEREISENBAHN in Budapest hieß einmal Pioniereisenbahn. Alle großen Städte im einstigen Ostblock hatten solch eine Bahn, um den Nachwuchs für den Eisenbahnerberuf heranzuziehen. Die Strecke ist 11,2 Kilometer lang und verfügt über mehrere Lokomotiven und Bahnhöfe sowie einen Tunnel und sogar einen beschrankten Bahnübergang.

DIE SCHÖNSTEN LUXUSZÜGE

DER MYTHOS LEBT FORT

ORIENT-EXPRESS

Der Klassiker unter den Luxuszügen ist natürlich der Orient-Express. Zum ersten Mal gab es Schlafwagen mit richtigen Betten, dazu Schreibtisch und separate Badezimmer in den Abteilen. Die Speisewagen besaßen elegante Holzvertäfelungen mit Intarsienarbeiten, edles Ledermobiliar und Tapisserien. Und natürlich dinierte man hier aufs Feinste – wenn man denn zu jenen gehörte, die sich das alles leisten konnten. Kein Wunder also, dass diese Luxuswelt inklusive Bibliothek und Rauchsalon immer wieder Schriftsteller und Filmemacher inspirierte. Dieser Zug, so die zeitgenössische Werbung, sollte die Menschen mit westlicher Leichtigkeit in die Romantik des Orients entführen.

Für den privaten Betreiber allerdings, die *Compagnie Internationale des Wagons-Lits (CIWL)*, waren diese Vorstellungen über den »König der Züge« weit entfernt von der Wirklichkeit: Den Zug zu etablieren war ein äußerst mühsames Geschäft. Da mehrere Ländergrenzen berührt waren, dauerte es tatsächlich fünf Jahre, von 1883 bis 1888, bis eine durchgehende Reise nach Konstantinopel, dem heutigen Istanbul, möglich war. Das hoch gesteckte Ziel war ein ganzes Netz von Luxuszügen in Europa und Russland, doch daraus wurde nichts. Nach 1945 entfielen die Ostblockländer, Schlafwagen waren kaum noch gefragt, Luxus noch weniger. Mit dem Niedergang des Orient-Express gingen mehrere Besitzerwechsel einher. Um die Markenrechte an dem klangvollen Namen gibt es Rechtsstreitigkeiten, die inzwischen beim Europäischen Gerichtshof gelandet sind. Wenn heute Züge als Orient-Express angeboten werden, handelt es sich um leicht abgeänderte Namen, doch immerhin halten sie die Erinnerung an den legendären Zug wach. Einige der Original-Waggons sind bis heute betriebsfähig. Damit angebotene Luxusreisen firmieren dann unter abgewandelten Namen wie Venice Simplon-Orient-Express. Zu bestimmten Terminen wird auch noch die alte Stammstrecke Paris–Istanbul befahren.

PULLMAN-EXPRESS

Noch einen prominenten Namen trifft man auf Europas Schienen: den Pullman-Express. Die Gesellschaft ist aus der *Compagnie Internationale des Wagons-Lits* hervorgegangen und betreibt komfortable Tageszüge ohne Schlafwagen, dafür aber mit Pianobar, edlem Restaurant und Panoramafenstern. Die in den USA gebauten Pullman-Wagen sind weltbekannt und versprechen Luxus pur. Die Pullman-Züge, zu denen auch der deutsche Rheingold zählte, wurden 1939 eingestellt. Der Name lebt aber fort, etwa im Glacier Pullman Express der Rhätischen Bahn in der Schweiz. Dieser langsamste aller Schnellzüge fährt zwischen Zermatt und St. Moritz. Man sitzt gemütlich in edlen Teakholzwagen aus den 1930er-Jahren und genießt die Aussicht auf das Engadin. Immerhin ist man von etlichen Dreitausendern umgeben.

KLINGENDE NAMEN für den Luxus auf Schienen. Oft betreiben Hotelketten die rollenden Paläste. Wenn man am Zielort ankommt, wartet dann eine angemessene Herberge auf den Gast, der selbstverständlich hier wie da König ist.

EL TREN AL ÁNDALUS

In Spanien wartet »Ein Zug für Könige« auf Gäste. Der Al Ándalus wurde 1929 für die englische Königsfamilie gebaut, sie reiste damit von Calais in Nordwestfrankreich an die Côte d'Azur. Aber das war einmal. Heute ist der Luxuszug von Sevilla über Granada nach Córdoba unterwegs. Sein opulentes Interieur aus dunklem Holz und edlen Stoffen kann sich sehen lassen. Man reist in vier Salonwagen und sieben klimatisierten Schlafwagen mit 32 Suiten. Der First-Class-Zug nimmt Reisende von Sevilla mit zu den andalusischen Schätzen des UNESCO-Welterbes. Dazu zählen die historischen Ortskerne von Córdoba und Baeza, die Alhambra und die Gärten in Granada sowie das größte Naturschutzgebiet Europas nahe Sanlúcar. Neuerdings bietet der andalusische Luxuszug auch eine Tour ins portugiesische Porto an.

BELMOND ROYAL SCOTSMAN

Diese Bahn gehört in die Riege der imposantesten Nostalgiezüge der Welt. Von Edinburgh über Glasgow und weiter entlang der West-Highland-Linie führt der Luxuszug mitten durch die grandiose Landschaft Schottlands. Mit luxuriös eingerichteten Waggons sowie einem Aussichtswagen mit Kanzel rollt er vorbei an Tälern, Seen, Mooren, Bergen, Schlössern und Dörfern. Die Strecke zählt zu einer der landschaftlich schönsten der Welt. Die Überquerung des Glenfinnan-Viadukts ist einer der Höhepunkte der Reise – nicht nur für Harry-Potter-Fans: Die natürliche Dramatik der schottischen Highlands bildete eine perfekte Kulisse für die ersten beiden Harry-Potter-Filme.

DANUBE EXPRESS

Einige der Regierungszüge ehemaliger Ostblockstaaten haben eine neue Verwendung gefunden. So auch in Ungarn. Der 2008 in Dienst gestellte Danube Express besteht aus aufwendig restaurierten Wagen, die einmal von der ungarischen Regierung genutzt wurden. Das Interieur ist heute im typisch englischen Stil gehalten. Zu mehreren festgelegten Terminen im Jahr befährt der Danube Express verschiedene Routen innerhalb Europas. So verbindet dieser Zug das Erlebnis einer Reise im komfortablen, eleganten Ambiente mit dem Besuch der schönsten Städte Mitteleuropas. Mit viel Plüschnostalgie präsentiert sich der Zug als rollendes Grandhotel.

All diese komfortablen Nostalgiezüge bieten perfekten Service und edles Ambiente. Aber ihr wahrer Wert liegt vielleicht woanders: Sie sind gemütlich unterwegs, Geschwindigkeit spielt keine Rolle, da und dort wird angehalten, um etwas anzuschauen, Menschen schließen Freundschaften, für alle ist nicht die Ankunft, sondern die Reise das Ziel, und jeder hat sehr viel Zeit. Wenn das kein Luxus ist!

MÁV
M62-127

SPITZNAME »TAIGATROMMEL«. Die Lok aus sowjetischer Produktion wurde auch gern »Sergej«, »Wumme« oder »Stalins letzte Rache« genannt. Sie war in allen Ländern des damaligen Ostblocks vertreten und ist heute vor allem noch in Russland im Einsatz. In Ungarn ist die restaurierte Lok, die hier M62 heißt, mit Sonderzügen nahe Gulács und am Balaton, dem Plattensee, (oben) unterwegs.

MORGENSTIMMUNG am Bahnhof Budapest-Keleti, einem von drei wichtigen internationalen Bahnhöfen in der ungarischen Metropole. Von hier aus geht es in Richtung Osten: nach Polen, in die Ukraine und nach Rumänien.

NOSTALGIE-STANDSEILBAHN auf den Burgberg in Budapest. Sie wurde 1870 eröffnet und gehört zu den ältesten der Welt. Wo die Széchenyi-Kettenbrücke über die Donau führt, beginnt die Bahn. Die Bergstation befindet sich in direkter Nachbarschaft zum Palais Sándor und dem Burgpalast.

BRÜCKEN BAUEN, über Flüsse, aber auch zwischen Ost und West. Ein Sonderzug für Touristen, eine historische Dampflok vor einem Restaurantwagen, das alles im russischen Teil von Karelien, nicht weit von der Grenze zu Finnland. Schade, dass nicht alle mitfahren können.

Bald wieder in den Osten

UKRAINE, RUSSLAND, MOLDAU

REISEN, DIE NICHT MÖGLICH SIND …

… gibt es leider auch. Da schwärmt jemand von der Krim, die er einmal besucht hat. So wie viele andere vor ihm. Heute ist der Weg dorthin versperrt. Mancher ist mit der Transsibirischen Eisenbahn durch die unendlichen Weiten *Russlands* gefahren. Der Zug zum Baikalsee war immer ein beliebtes Ziel. Auf dem Weg von St. Petersburg nach Murmansk konnte man beim Überqueren des Polarkreises anhalten und mit einem Glas Sekt anstoßen. Von alledem bleiben derzeit nur Landkarten, Reiseführer, Fotos und Träumereien.

Mit der *Ukraine* ist es nicht viel anders. Da wird von dem sagenhaften »Liebestunnel« im Westen des Landes geschwärmt. Die zugewachsene Bahnstrecke Klewan–Orschiw war bisher ein Sehnsuchtsort für Verliebte aus der ganzen Welt. Ein Hochzeitsfotograf machte sie einst als Hintergrund für seine Bilder berühmt. Aber auch die ukrainischen Städte Kiew, Odessa oder Lviv, das frühere Lemberg, waren Touristenmagnete.

Oder die *Republik Moldau* mit ihren köstlichen Weinen. Soll man hinfahren, nur um in reizvoller Umgebung Spezialitäten zu genießen? Schließlich bangt das kleine Moldawien derzeit um seine Unabhängigkeit und erlebt unruhige Zeiten.

Wer viel reist, bekommt einen anderen Blick auf die Welt. Und damit auch auf ihre vielen Konflikte – das bleibt nicht aus. Menschen, die das Denken und Fühlen auf der jeweils anderen Seite nachempfinden können, sind wichtiger Bestandteil einer friedlichen Lösung. Man sollte die Länder, die man gerade nicht bereisen kann, deshalb nicht vergessen. Das betrifft die Ukraine genauso wie Russland. Es wird neue, friedlichere Verhältnisse geben und der Reisende wird wieder freudig begrüßt werden.

UNBESCHWERT FREIZEIT genießen ist derzeit am Fluss Dnjepr in Kiew nicht möglich. Das Bild mit der Metro im Hintergrund entstand im August 2020. Damals war der Hidropark mit seinen Stränden, dem Bootsverleih und anderen Freizeiteinrichtungen noch ein beliebtes Ziel für die Menschen.

KRIEG UND FRIEDEN hat die Petriwskyj-Eisenbahnbrücke in Kiew immer wieder erlebt. Seit der Russischen Revolution wurde sie mehrmals zerstört und erneut aufgebaut. Das 1430 Meter lange Bauwerk ist wichtig für den Vorort- und den Güterverkehr. Eine Standseilbahn (oben) führt auf den Berg mit dem Wahrzeichen der Stadt, dem Denkmal des Prinzen Wolodymyr.

»Dies ist mein Streckenabschnitt«, sagte er immer wieder. »Ich muß diesen Abschnitt warten. Als die Bahn noch fuhr, war die Welt noch in Ordnung. Jeder tat seine Pflicht. Wenn die Bahn wieder fährt, ist die Welt wieder in Ordnung.«

Hanspeter Gschwend, aus: *Wenn die Bahn fährt, ist die Welt in Ordnung*

ZUR SOMMERRESIDENZ DES ZAREN musste seine Hoheit bequem anreisen können. Der passende Bahnhof steht in Neu Peterhof bei St. Petersburg. Das prächtige Gebäude im neugotischen Baustil ist heute nur noch eine Station für Nahverkehrszüge.

EINE SEENLANDSCHAFT umgibt den Lokführer des Güterzuges von St. Petersburg nach Murmansk. Hier in Karelien passiert er den Ladogasee, den größten See Europas. Das im Winter zugefrorene Gewässer spielte im Zweiten Weltkrieg für die Versorgung von Leningrad, dem heutigen St. Petersburg, eine entscheidende Rolle.

»Mächtig steht die Maschine da, eine Riesin aus Stahl und Kupfer mit einem unendlich feinen Nervensystem. Zwischen ihr und Berger hat sich ein persönliches Verhältnis entwickelt. Leise und zufrieden brummt sie, wenn er sie einschaltet. Es ist, als wolle sie sagen, so ist's recht, wir beide sind bereit, unsere Pflicht zu erfüllen, ganze Arbeit zu leisten.«

Aus: *Fahrt ins neue Jahr*, Autor unbekannt

ABENTEUER BALKAN. Den Skutarisee teilen sich Montenegro und Albanien. Der kurze Zug, unterwegs zwischen Podgorica und Bar, lässt mit seinen drei Wagen nicht auf eine große Nachfrage schließen. Bar liegt an der Adriaküste und scheint bei Touristen bisher eher als Geheimtipp gehandelt zu werden.

Immer Richtung Südost

Kroatien, Slowenien, Griechenland, Bulgarien, Rumänien, Türkei, Georgien

KROATIEN, SLOWENIEN, GRIECHENLAND, BULGARIEN, RUMÄNIEN, TÜRKEI, GEORGIEN

VOM BALKAN BIS NACH KURDISTAN

Die Adriaküste in *Kroatien* zählt heute zu den beliebtesten Reisezielen der Europäer. Zwischen Rijeka und Dubrovnik findet man wunderschöne Strände, zahlreiche romantische Inseln und ein abenteuerlich zerklüftetes Gebirge. Schon in der Habsburgermonarchie war die Region touristisch erschlossen, besonders Österreicher und Tschechen zog es hierher. Nach 1945 und der Gründung Jugoslawiens konnten weder Touristen aus den Warschauer-Pakt-Staaten noch aus den westlichen Staaten problemlos einreisen. Erst nach dem Ende des Tito-Regimes und dem allgemeinen Umbruch in Europa nahm der Tourismus einen deutlichen Aufschwung, lediglich gebremst von den Jugoslawienkriegen der 1990er-Jahre. Die Hafenstadt Rijeka ist bestens an das europäische Schienennetz angebunden.

Das gilt auch für den Nachbarn *Slowenien:* Die Hauptstadt Ljubljana ist ein bedeutender Eisenbahnknotenpunkt, es gibt außerdem ein sehenswertes Eisenbahnmuseum und eine komplett unter Denkmalschutz stehende Altstadt. Slowenien bietet auch Adriastrände, dazu Seen, Wasserfälle, Felsschluchten, Tropfsteinhöhlen und Burgen wie aus einem Bilderbuch. Die wildromantischen Landschaften gaben einst perfekte Drehorte für die Winnetou-Filme mit Pierre Brice und Lex Barker ab. Die Filmproduktionen waren ein willkommener Devisenbringer im ehemaligen Jugoslawien, die Drehorte können heute noch besichtigt werden.

Die Route weiter nach Süden durch die heutigen Staaten Serbien und Nordmazedonien erinnert an den Weg der Gastarbeiter, die vor Jahrzehnten nach Deutschland kamen. Im Hellas-Express von Athen nach Dortmund waren sie damals auf der fast 3000 Kilometer langen Strecke 50 Stunden unterwegs, um eine teure Flugreise zu vermeiden. Diese in Europa ziemlich einmalige Bahnverbindung wurde 1988 eingestellt. Für uns dagegen ist *Griechenland* damals wie heute ein Traumziel, auch mit dem Zug. Etwa der Peloponnes mit den antiken Stätten in Mykene, Korinth, Sparta und Olympia. Obendrauf gibt es im wilden Bergland von Achaia die einzige Zahnradbahn Europas mit einer Spurweite von 750 Millimetern. Eine andere Zahnradbahn erklimmt bei Diakopto die Berge rund um Kalavrita, der Bahnhof liegt auf 714 Metern. Die höchsten Berge des Peloponnes sind mehr als 2300 Meter hoch. Früher konnte man die Halbinsel mit den vier »Fingern« auf einer Meterspurstrecke umrunden, doch das ist Vergangenheit. Nur ein Teilstück ist noch in Betrieb und wird derzeit von Athen über den Kanal von Korinth bis zur Hafenstadt Patras auf Normalspur umgebaut.

Von Thessaloniki, der Metropole im Norden, führen die Schienenwege weiter nach Bulgarien und Rumänien sowie in die Türkei. In *Bulgarien* sollte man sich die Rhodopen-Bahn im gleichnamigen Gebirge ansehen oder gleich damit fahren. Sie ist die letzte Schmalspurbahn

ZIELBAHNHOF ADRIA! Im kroatischen Split endet die von Zagreb kommende Bahnlinie. Split ist die zweitgrößte Stadt des Landes. Neben dem Tourismus spielen der Schiffbau, die Fischerei und der Weinanbau eine wichtige Rolle. Für die rumänische Waldbahn (oben) ist Holz das wichtigste Ladegut.

« UNTERWEGS in Montenegro. Man kann bei diesen Waggons noch die Fenster öffnen, sich den Fahrtwind um die Nase wehen lassen und den Menschen zuwinken.

»Früh am Abend kam ich zum Bahnhof in Ogden. Der Überlandzug der Union-Pazifik-Linie sollte gleich in östlicher Richtung abfahren. Ich war entschlossen, mit ihm in Verbindung zu kommen. In dem Labyrinth von Gleisen vor der Lokomotive stieß ich auf eine Gestalt, die in der Dunkelheit umherschlich. Es war der Schwede. Wir drückten uns die Hände wie zwei Brüder, die lange getrennt gewesen waren, und entdeckten bei dieser Gelegenheit, daß wir beide Handschuhe trugen. ›Wo hast du die aufgegabelt?‹ fragte ich. ›Auf einer Lokomotive‹ antwortete er. ›Und wo hast du deine her?‹ ›Sie gehören einem Heizer‹, sagte ich. ›Er war ein bißchen unvorsichtig.‹

Jack London, aus: *Nächtliche Fahrten*

des Landes und führt durch dichte Wälder auf die beachtliche Höhe von 1267 Metern. Dafür sind 35 Tunnel mit einer Gesamtlänge von 2858 Metern und vier Kehrschleifen notwendig. Keine andere Bahn auf dem Balkan führt in eine solche Höhe.

Anders ist es bei den Waldbahnen in *Rumänien.* Sie schlängeln sich an kleinen Flüssen entlang, bis es tief in den Wäldern nicht mehr weiter geht, weil das Tal zu eng wird. Sie sind hier das einzige Verkehrsmittel, Straßen gibt es nicht. Die spektakulärste von allen ist die Waldbahn von Viseu de Sus, auch als Wassertalbahn bekannt. Die 760-Millimeter-Strecke ist 56 Kilometer lang und setzt noch Dampflokomotiven ein, besonders wenn Touristen unterwegs sind. Auf den einfachen Feldbahngleisen darf nur mit einer Höchstgeschwindigkeit von zehn Stundenkilometern gefahren werden. Uralte Güterwagen, die noch mit Bremsern besetzt sind, bringen auf diese Weise lange Baumstämme zu einem Sägewerk. Die Waldbahn wurde als rumänisches Kulturgut unter Schutz gestellt.

Vom Balkan aus weiter nach Südosten schließt sich die *Türkei* an, geografisch ist sie das Bindeglied zwischen Europa und Vorderasien. Bereits zu Zeiten des Osmanischen Reichs suchten die Briten hier eine Landverbindung nach Indien, und zwar mit einer Eisenbahn. Die aufkommende Dampfschifffahrt ließ sie aber dann doch den Seeweg bevorzugen. Der nächste große Plan war die Bagdadbahn, die aber erst nach Ende des Osmanischen Reiches unter Beteiligung zahlreicher deutscher Firmen in Etappen verwirklicht werden konnte. Das größte Problem dabei war die Überwindung des Taurusgebirges. Eine grandiose Streckenführung in grandioser Landschaft – und noch haben die Touristiker den Taurus nicht entdeckt.

Dafür wird die türkische Eisenbahn heute wieder zum Bindeglied. Eine gerade fertiggestellte Neubaustrecke führt direkt nach *Georgien* und weiter nach Aserbaidschan. Diese »Neue Seidenstraße« ist die südliche Umfahrung Russlands. Dafür wurde in Georgien eigens eine Anlage zum Umspuren der Reise- und Güterzüge gebaut. Die Streckenführung durch Armenien wäre zwar erheblich kürzer gewesen, doch hier gibt es den Konflikt mit Aserbaidschan um Bergkarabach. Erschwerend kommt hinzu, dass die armenische Eisenbahn bis zum Jahr 2038 von einer Tochtergesellschaft der Russischen Eisenbahn betrieben wird.

Die Region südlich des Kaukasus lädt also ein zu echten Schienenabenteuern, zum Berg Ararat, auf dem die Arche Noahs gestrandet sein soll, zum Berg Elbrus, der als höchster Gipfel des Großen Kaukasus 5642 Meter hoch aufragt. Es locken weite Wanderungen und die köstlichen georgischen Weine. Wenn man Pionier sein will, dann kann man also über den Balkan vorbei am wilden Kurdistan mit dem Zug direkt nach Asien fahren.

LANDSCHAFT MIT EISENBAHN würde ein Maler dieses Motiv nennen. Es zeigt den Fluss Kupa in Kroatien. Wer hier unterwegs ist, hat Rijeka an der nördlichen Adria (unten) als Ziel. Die Hafenstadt an der Kvarner Bucht gilt als Tor zu den mehr als 500 Inseln Kroatiens.

DIE SCHÖNSTEN NOSTALGIEBAHNEN SÜDLICH DER DONAU

ES FAUCHT UND SCHNAUFT UND RATTERT

SCHAFBERGBAHN

Diese Bergbahn am Wolfgangsee gehört zu den schönsten in Österreich. Die im Salzkammergut gelegene Zahnradbahn ist eine der wenigen, die noch mit Dampflokomotiven fährt. Seit 1893 bringt sie Ausflügler auf den 1783 Meter hohen Gipfel, um die wunderbare Aussicht zu genießen. Drei der Dampfloks aus der Gründerzeit der Bahn können heute noch gelegentlich im Einsatz erlebt werden. Um sie zu schonen, ließ man Anfang der 1990er-Jahre bei der Schweizer Lokomotivfabrik in Winterthur vier moderne, ölgefeuerte Dampfloks nachbauen. Sie haben die dreifache Leistung und die Spitzengeschwindigkeit wurde immerhin von sieben auf zwölf Stundenkilometer gesteigert.

DAMPFZÜGE IM SCHWEIZER JURA

Im Kanton Jura unterhält der Verein La Traction ein Depot mit historischen Lokomotiven und Wagen. In Zusammenarbeit mit den Chemins de Fer du Jura kann deren gesamtes Streckennetz befahren werden, den Dampfzügen stehen somit 74 Kilometer Gleise in Meterspur zur Verfügung. Eine Besonderheit sind die beiden Dampflokomotiven: Sie stammen aus Portugal und waren dort auf dem Schmalspurnetz von Porto im Einsatz.

SCHINZNACHER BAUMSCHULBAHN

Noch eine Schweizer Besonderheit ist die mit Dampf betriebene Schmalspurbahn auf dem Gelände der Baumschule Zulauf AG in Schinznach-Dorf im Kanton Aargau. Sie ist die einzige Dampfbahn in der Schweiz mit der sehr schmalen Spurweite von 600 Millimeter. Die von einem Verein betreuten Lokomotiven fahren mit offenen Personenwagen auf einem etwa drei Kilometer langen Rundkurs durch das parkähnliche Baumschulgelände. An den Werktagen sind Bäume, Erde und Torf das Ladegut, an Wochenenden und Feiertagen werden Touristen und Eisenbahnliebhaber transportiert.

ŠARGANBAHN

Die Šarganska osmica liegt im Westen von Serbien. Die schmalspurige Gebirgsbahn hat die bosnische Spurweite von 760 Millimeter und war einst die Fortsetzung der Bosnischen Ostbahn von Mokra Gora nach Šargan Vitasi. Schon der frühere Staatspräsident Tito soll den Wunsch geäußert haben, mit der Strecke ein technisches Denkmal für ein geeintes Jugoslawien zu schaffen. Die Grenzen zum Kosovo und zu Montenegro sind nicht weit entfernt. Die Bahn wurde trotzdem 1974 erst einmal stillgelegt, um sie dann ab Mitte der 1990er-Jahre mit staatlichen Mitteln doch wieder aufzubauen. Die grandiose Streckenführung durch das Mokra-Gora-Gebirge mit seinen Zweitausendern, die großen Steigungen, Schleifen und Tunnel sind tatsächlich eine große Touristenattraktion, erst recht, wenn die vorhandenen Dampflokomotiven zum Einsatz kommen.

PILIONBAHN

Im Norden Griechenlands, genauer gesagt in Thessalien, ist die *Pilionbahn* eine Reise wert. Die 600-Millimeter-Bahn führt von der Hafenstadt Volos nach Milies. Da ein Teil der Küstenstrecke durch ein Unwetter zerstört wurde, beginnt der Museumsbahnbetrieb erst in Ano Lechonia. Die wunderschönen Personenwagen mit offener Bühne und Holzaufbau stammen noch aus den Anfangsjahren der Bahn. Einige

Dampflokomotiven sind auch vorhanden, aber leider nicht betriebsbereit. Man hilft sich daher mit einem raffinierten Kniff: Zwei fabrikneue Feldbahnlokomotiven der deutschen Firma Schöma bekamen einen Aufbau, der einer Dampflok ähnelt. Mit diesen »verkleideten« Loks vor dem Zug ist der Blick auf die Ägäis und die Pilion-Berge mindestens genauso schön.

DIE HÖCHSTE EISENBAHNBRÜCKE Europas ist der Mala-Rijeka-Viadukt an der Strecke von Belgrad nach Bar in Montenegro. 1973 wurde sie eingeweiht, ist 498,80 Meter lang und hat eine Höhe von 198 Metern über dem Talgrund. Sie überspannt das tief eingeschnittene Tal des Flusses Mala Rijeka. Auf beiden Seiten hinter der Brücke verschwindet die Strecke gleich in Tunneln.

... UND AUSSERDEM

ERZBERGBAHN Die berühmte Bahn in der Steiermark wurde von den Österreichischen Bundesbahnen vor Jahren stillgelegt. Den spektakulärsten Abschnitt mit Zahnstangen-Betrieb hat ein Verein übernommen, um mit historischen Zügen zum Präbichl-Pass zu fahren.

DAMPFBAHN-VEREIN ZÜRICHER OBERLAND Viel alte Technik mit historischen Viadukten und Tunneln bietet dieser Verein. Auf einer elf Kilometer langen, ehemals stillgelegten Strecke der Schweizerischen Bundesbahnen schnaufen zwischen Hinwil und Bauma nun wieder Dampfzüge.

EMMENTALBAHN Dort, wo in zahlreichen Dörfern der berühmte Käse gemacht wird, fährt – was auch sonst – die Emmentalbahn. Zwei Dampflokomotiven sind in der reizvollen Hügellandschaft des Schweizer Kantons Bern unterwegs, ganz nach dem Geschmack von Gourmets und Dampflok-Enthusiasten gleichermaßen.

EISENBAHN RIMINI-SAN MARINO Einst war dies eine elektrifizierte Schmalspurbahn, die die kleine Republik San Marino mit der Stadt Rimini in Italien verband. Nach der Eröffnung 1932 wurde sie bereits im Zweiten Weltkrieg wieder zerstört. Ein Abschnitt in San Marino wurde jedoch 2012 als Touristenattraktion wiedereröffnet.

SILA-BAHN Die Strecke Pedace–San Giovanni in Fiore im italienischen Kalabrien, auch Sila-Bahn genannt, war eine Schmalspurbahn mit 950 Millimeter Spurweite, die heute stillgelegt ist. Nur zwischen Moccone und San Nicola-Silvana Mansio, in einer Höhe von fast 1300 Metern, verkehren an den Wochenenden Museumszüge durch den schönen Sila-Nationalpark.

EISENBAHN STATT STRASSE. Die rumänische Waldbahn von Vişeu de Sus fährt da, wo es bestenfalls noch Pferdefuhrwerke gibt. Auch die können nur im Sommer unterwegs sein, wenn der Fluss Vaser Niedrigwasser führt.

ZUGKREUZUNG IM WALD. Die Waldbahn Vişeu de Sus setzt Personenwagen nicht nur für Touristenzüge ein. Dieselben Wagen nutzen auch die Forstleute, Waldarbeiter und Holzfäller. Sie bleiben meistens von Montag bis zum Wochenende im Wald, wo es für sie schlichte Unterkünfte gibt.

DER KANAL VON KORINTH trennt den Peloponnes vom griechischen Festland. Die Eisenbahn und der Kanal entstanden gleichzeitig, von 1881 bis 1893. Damals war die Peloponnes-Bahn in Meterspur ausgelegt worden. Heute wird die Strecke von Athen nach Patras als Normalspurstrecke neu gebaut.

STRASSE CONTRA BAHN. Die Europastraße 55 verläuft über 3300 Kilometer von Schweden bis nach Griechenland. Der Zug könnte diese Strecke von Athen aus sogar mit Elektrolokomotiven bewältigen. Wer schneller ist? Das müsste ausprobiert werden.

»Solch großen Wert legten wir alle beim
Reisen in der Eisenbahn auf den Fensterplatz.
Ohne einen solchen dünkte uns
das Eisenbahnfahren ganz wertlos;
durch den Besitz eines Fensterplatzes hingegen
gewann es sogleich einen Wert,
der ins Märchenhafte reichte.«

Martin Beheim-Schwarzbach, aus: *Träumereien am Fensterplatz*

ALTERTÜMER LINKS, RUINEN RECHTS – so kann eine Metrofahrt in Athen auch eine Sightseeingtour sein. Die Metro stammt von 1869 und würde selbst zu den Altertümern zählen, wenn da nicht die modernen Fahrzeuge wären. Noch bis 1985 hatten die Züge einen Holzkastenaufbau.

NOSTALGIE IN GRIECHENLAND. Neben der Zahnradbahn nach Kalavrita (oben) wird die Pilionbahn in Thessalien sehr geschätzt. Die 600-Millimeter-Schmalspurbahn von Volos nach Milies ist auf dem Rest der Strecke von Ano Lechonia bis zum 450 Meter hoch gelegenen Endpunkt Milies unterwegs. Es geht 16 Kilometer weit durch herrliche Vegetation in ein beliebtes Wandergebiet.

MIT ZAHNRADANTRIEB in die Berge des Peloponnes. Auf 750 Millimeter Spur beginnt die Reise an der Küste in Diakopto und endet nach 22 Kilometern im Bergland bei Kalavrita. Der Ort liegt 740 Meter hoch und ist von einem Gebirgsmassiv umgeben.

›› FILMREIF ist die Varda-Brücke in der türkischen Provinz Adana. Im James-Bond-Streifen *Skyfall* diente der Viadukt als Schauplatz für den Höhepunkt einer dramatischen Verfolgungsjagd, die zugleich eine Schlüsselszene für die gesamte Handlung ist. Dieser Film hat die Eisenbahnbrücke weltweit bekannt gemacht.

AZURBLAUES MEER, Sonne, Strand und ein Schnellzug auf der Küstenstrecke bei Salerno. Die Szene in Italien steht stellvertretend für alle Küsten rund um das Mittelmeer. Sie bietet genau das, wovon Urlauber aus dem kalten Norden träumen.

Europas sonniger Süden

Italien, Spanien, Portugal

MALS
MALLES

HOTEL

ITALIEN, SPANIEN, PORTUGAL

PER BAHN ZU WEISSEN STRÄNDEN

Italiens Start ins Eisenbahnzeitalter ähnelt dem in Deutschland. Nur vier Jahre nachdem der erste Zug zwischen Nürnberg und Fürth dampfte, war es zwischen Neapel und Portici auch so weit. Die erste Lokomotive kam hier ebenfalls aus Großbritannien. Die »Vesuvio« ähnelte dem deutschen »Adler«. Die sieben Kilometer lange Strecke am Fuß des Vesuvs war der Anfang, es folgte sehr schnell ein dichtes Schienennetz, das bis 1892 auf 14 453 Kilometer angewachsen war. Besonders die Industrieregionen in Norditalien wurden gut erschlossen und bekamen Anschluss an die Nachbarländer. In Pietrarsa, nahe der ersten Bahnlinie des Landes, wurde bereits 1844 eine Lokomotivfabrik gegründet. An diesem historischen Ort ist heute das Nationale Eisenbahnmuseum untergebracht, in dem zahlreiche Waggons, Lokomotiven und ein Nachbau des ersten italienischen Zuges veranschaulichen, wie man früher reiste.

Für Eisenbahningenieure stellte Italien als lang gestreckte Halbinsel eine ganz eigene Herausforderung dar. Zwischen den Küsten ragen Gebirge auf, ein Teil des Landes entfällt auf die Inseln Sizilien und Sardinien. Also mussten sie die meisten Strecken entlang der Küsten planen, dort, wo auch alle größeren Städte liegen. Für Strandurlaube ist das sehr praktisch, für Eisenbahnliebhaber auch, und wenn beide Interessen zusammenkommen, ist es perfekt! Die großen Sightseeing-Ziele können dabei ebenfalls mit dem Zug erreicht werden: Von Mailand über Venedig, Florenz bis Rom, von Neapel über Bari bis Palermo – das ganze Land ist voll von geschichtsträchtigen Sehenswürdigkeiten.

Nur zwei Attraktionen speziell für Bahnreisende seien genannt: Man kann auf Sizilien mit dem Zug rund um den aktiven Vulkan Ätna fahren oder auf Sardinien mit dem Schmalspurzug Trenino Verde die märchenhaften Landschaften im Inneren der Insel entdecken. Strände gibt es dort natürlich auch. Sie sind nicht so überlaufen wie an der italienischen Riviera und dazu, so schwärmen die Kenner, noch schöner.

»Strände« lautet natürlich auch das Stichwort für das Urlaubsparadies *Spanien*. Wer genug Zeit mitbringt, kann sich ein exquisites Vergnügen leisten: mit dem Zug von der italienischen Riviera über die Côte d'Azur und das Fürstentum Monaco fahren, immer an der Küste entlang, bis zur spanischen Grenze. Hier empfängt uns die iberische Breitspur, die mit 1668 Millimeter doch erheblich von der Norm im Rest Europas (1435 Millimeter) abweicht. Dieses Manko hat man erkannt und alle neu gebauten Schnellfahrstrecken, vor allem die nach Frankreich, gleich in Normalspur ausgelegt. Auch neue Verbindungen nach Lissabon und Porto sollen diesem Standard entsprechen. Eine Umstellung des gesamten spanischen Eisenbahnnetzes ist zwar geplant, an den Kosten scheiden sich aber die Geister. Der Fokus auf die Regelspur hat für viele der einst zahlreichen Schmalspurbahnen das Ende gebracht. Einige Trassen wurden zu Radwegen umgebaut, bei anderen wird regelmäßig über eine Reaktivierung diskutiert.

RUND UM ROM lädt die kleine Stadt Tivoli zum Übernachten ein. Nicht weit von der alten Römerstraße Via Appia finden sich die Reste eines Aquäduktes (oben).

‹‹ WEINBERGE UND BURGEN in Südtirol lassen sich mit der Vinschgaubahn erkunden. Eigentlich war sie 1990 stillgelegt worden. Als man aber ihren Wert erkannte, wurde sie 2007 erneut eröffnet.

Die Metropolen Spaniens mit ihren zahlreichen Touristenattraktionen sind jedenfalls mit dem Zug bestens zu erreichen: die außergewöhnlichen Bauten von Barcelona, Madrid mit dem alten wunderschön umgestalteten Jugendstil-Bahnhof Atocha, Sevilla mit der größten Altstadt des Landes, die Kathedrale von Valencia oder Malaga mit dem Museo Picasso. Der Künstler wurde hier geboren, das Museum zeigt mehr als 200 seiner Werke.

Mancher Deutsche fühlt sich in Spanien und erst recht auf Mallorca so gut wie zu Hause. Die elektrische Kleinbahn von Palma nach Sóller besitzt genau jenen Charme, den die Besucher mögen. Für größere Touren auf dem Festland empfehlen sich der Transcantábrico Gran Lujo und der Costa-Verde-Express – sie bieten kulturell und kulinarisch geprägte Kreuzfahrten auf Schienen. Die komfortablen Luxuszüge mit Schlafwagen fahren in acht Tagen die Strecke vom baskischen Donostia-San Sebastián bis nach Santiago de Compostela und von Bilbao im Baskenland nach Gijón in Asturien. Dieser Zug ist sechs Tage und fünf Nächte unterwegs.

Die Strecke von Santiago de Compostela nach Porto in *Portugal* schafft man mit dem regulären Zug in knapp fünf Stunden. Die Stadt Porto, deren Namen man mit »Hafen« übersetzen kann, steht für den berühmten Portwein. Eisenbahnkenner wissen, dass hier die Bahn nach Regua beginnt, mitten ins Zentrum des Weinanbaugebietes. Manchmal kann der Besucher hier noch Dampflokbetrieb erleben, immer entlang des malerischen Rio Douro. Die Stadt Porto hat aber noch ein anderes Highlight zu bieten: Der aus Paris bekannte Gustave Eiffel hat hier eine gigantische Fachwerk-Bogenbrücke über den Douro gebaut. Ganz oben fahren die Züge, eine Ebene darunter rollt der Straßenverkehr. Unverkennbar ist die Ähnlichkeit der Konstruktion mit dem Eiffelturm.

Eine Fahrt mit dem portugiesischen Hochgeschwindigkeitszug Alfa Pendular bringt uns mit mehr als 200 Stundenkilometern in den Süden Portugals, nach Faro, dem zentralen Ort der Algarve. Die zerklüftete Steilküste mit ihren Höhlen und weißen Sandstränden sucht ihresgleichen. Von hier ist es nicht allzu weit zum Cabo de São Vicente bei Sagres – das man allerdings nicht mit dem Zug erreicht. Dort ragt die Südwestspitze des europäischen Festlands in den Atlantik. Die Algarve endet in einer felsigen, bis zu 70 Meter hohen Steilküste mit karger, baumloser Vegetation. Ein rauer, stürmischer Ort, von Seefahrern gefürchtet, von Naturliebhabern aber sehr geschätzt.

»Ich kann auf keinem Bahnsteig der Welt
Mit kühlen Gefühlen stehen.
Ganz sachlich vorübergehen.
Es ist ja nicht leicht,
An solchen Tagen
Ganz still (weil es wieder mal nicht reicht),
Im Autobus ›Einmal: Steglitz‹ zu sagen…«

Mascha Kaléko, aus: *Schienen-Sehnsucht*

WASSERBALLAST bewegt die Standseilbahn der Stadt Mondovì in Norditalien (oben). Und Wasser ist es, was die Badegäste an den Strand von Vernazza zieht. Der kleine Ort an der schroffen ligurischen Küste im Nordwesten Italiens kann mit der Bahn, aber auch über einen kleinen Yachthafen erreicht werden.

GUTES ESSEN IN LUXUSZÜGEN

EDLE KÖSTLICHKEITEN

Der Genuss einer Zugreise lässt sich noch erheblich steigern, wenn die Verpflegung im Zug nicht jener der Touristenklasse im Flugzeug ähnelt. Die meisten Speisewagen verfügen über einen eigenen Koch und eine Küche, in die man auch schon mal hineinschauen darf.

In den Pullman-Zügen der Belmond-Hotelkette stehen tatsächlich Starköche am Herd. Sie zaubern erlesene Köstlichkeiten, die – während der Reisende die schönsten Landschaften Europas an sich vorbeiziehen sieht – gleichzeitig noch ganz andere Sinne ansprechen. Die Küche des Royal Scotsman bietet ein deftiges schottisches Frühstück und zum Dinner landestypische Speisen wie Räucherlachs. Abendkleidung ist hier wie in den meisten Luxuszügen erwünscht. Richtig verwöhnt wird man im Sonderzug Transkaukasus, den ein Anbieter auf eine ungewöhnliche Reiseroute schickt: Es geht von der Türkei über Georgien nach Aserbaidschan. Landestypische Spezialitäten wie auch internationale Gerichte werden beim Blick auf die imposanten Kaukasusgipfel serviert. Bei den spanischen Luxuszügen kommen die Freunde der mediterranen Küche auf ihre Kosten. Andalusiens Gastronomie, ein Besuch der Wein-Anbaugebiete und die entsprechende Wein-Verkostung fehlen bei keiner der verschiedenen Routen.

TOSKANA – ein Name, der auf der Zunge zergeht. Die Region ist der Inbegriff von Urlaub. Man schmeckt sie förmlich beim Gedanken an die großen Wein- und Olivenanbaugebiete.

HALTESTELLE AM MEER. Hier wartet jeder gern auf den Zug. Etwa 100 Meter höher, auf einem Bergvorsprung, liegt das kleine Corniglia mit seinen großen Weinanbaugebieten. Das Dorf wird im berühmten *Decamerone* von Giovanni Boccaccio erwähnt und ist außerdem einer der zentralen Schauplätze des Romans *Die Farbe der Erinnerung* von Jennifer Egan.

PER BAHN ZUM STRAND

PACK DIE BADEHOSE EIN …

… und lass das Auto ein Auto sein! An der französischen Mittelmeerküste fährt die Eisenbahn von einem Strand zum anderen. Da muss man in den kleinen, engen Fischerdörfern nicht nach einem Parkplatz suchen. Vom Bahnsteig zum Wasser sind es nur ein paar Meter. Und wem der eine Strand nicht gefällt, der nimmt den nächsten Regionalzug zur nächsten Bucht. Kenner wissen das »Strand-Hopping« zu schätzen. Die eine Bucht ist gut zum Tauchen, eine andere hat die richtigen Wellen zum Surfen und wieder eine andere ist für Familien mit kleinen Kindern bestens geeignet.

So ein Bahn-Bade-Abenteuer wie an der Côte d'Azur ist auch am Atlantik möglich. Oder an der Nordsee: Die belgische Küstentram Knokke–De Panne bietet auf 67 Kilometern ein ähnliches Vergnügen. Die Überland-Straßenbahn fährt in etwas mehr als zwei Stunden immer am Strand entlang.

Auch die Usedomer Bäderbahn muss genannt werden. Zwischen Wolgast und dem Übergang nach Polen gibt es 20 Haltestellen mit Zugang zum Ostseestrand – aber auch zum Achterwasser. An der schmalsten Stelle der Landbrücke Usedom sind es nur 300 Meter zwischen dem Sandstrand und der Lagunenlandschaft des Achterwassers, die von Seglern und Surfern geschätzt wird.

WIE AUS DEM BILDERBUCH liegt das Dörfchen Monterosso al Mare zwischen Weinbergen und Meer. Der Ort an der Riviera di Levante kommt weitgehend ohne Autos aus, ist aber über die Bahnstrecke Pisa–Genua sehr gut zu erreichen.

WELTERBE UND NATIONALPARK, damit kann Vernazza heute punkten. Der abgelegene Ort in der Region Ligurien lebt hauptsächlich vom Tourismus. Eine eigene Bahnstation an der Strecke Pisa–Genua ist da hilfreich. Die Bevölkerungszahl ist in der Vergangenheit trotzdem ständig gesunken. Die Urlauber aber profitieren davon, es gibt viele Ferienwohnungen zu mieten.

ZWEI STAATSVERTRÄGE haben den Badeort Rapallo in Ligurien bekannt gemacht. 1920 regelten hier Italien und das Königreich der Serben, Kroaten und Slowenen ihre Grenzfragen. 1922 wurde in Rapallo Weltgeschichte geschrieben: Das Deutsche Reich und die Russische Sowjetrepublik besiegelten den Verzicht auf Reparationszahlungen und die Wiederaufnahme diplomatischer Beziehungen.

BAHN UND UMWELT

ICH GLAUB', ICH FAHR' IM WALD!

Manchmal sieht man den Zug vor lauter Bäumen nicht. Und das ist gut so! Eine Bahnstrecke, von Bäumen umstanden, ist der Umwelt dienlicher als eine Auto-Bahn. Eine Wald-Bahn anstelle einer breiten, vier- oder sechsspurigen Schnellstraße ist für Mensch und Natur unbestritten ein Gewinn. Lärm und Abgase werden auf ein Minimum reduziert, die Energie fürs Vorwärtskommen wird optimal eingesetzt.

Was beispielsweise bei den Waldbahnen in Rumänien seit einem Jahrhundert funktioniert, nämlich der Transport schwerer Lasten ohne Lastwagen, bedeutet zwar harte Arbeit, aber die steht im Einklang mit der Natur. Genau das schätzen die Touristen, die hier den Forstleuten bei der Arbeit zuschauen. Die Technik ist verblüffend einfach: Zwei parallel verlaufende Schienen, auf denen ein Wagen zu Tal rollt.

Wer in einem Zug sitzt, verspürt einen ähnlichen Effekt. Ein Waggon gleitet beinahe schwerelos durch grüne Wiesen und Wälder. Der Fahrgast entspannt sich, sein Gemüt hellt sich auf, vielleicht begeistert er sich für diese Art des Fortkommens. Ja, vielleicht sieht er sogar einen Fortschritt darin, wenn Menschen auf diese Weise reisen.

TRENINO DI CASELLA – das klingt nach einem lieb gewordenen Zug der Italiener. Auf Meterspur schlängelt sich das Bähnchen 24 Kilometer von Genua hinauf nach Casella im Ligurischen Apennin. Die Aussicht auf Genua und die Berge ist dabei so schön, dass ein »Trenino« gern auch ganz privat für Hochzeiten oder Gruppenausflüge gemietet wird.

DIE TEUFELSBRÜCKE, der *Ponte del Diavolo,* zählt zu den außergewöhnlichsten Bauwerken in der Toskana. Im Mittelalter wollte sie der heilige Julian in Borgo a Mozzano über den Fluss Serchio bauen. Als es Schwierigkeiten gab, soll der Teufel geholfen haben, verlangte dafür aber die Seele des ersten Lebewesens, das sie nutzte. Der Heilige warf ein Stück Kuchen auf die Brücke, um einen Hund anzulocken. Schon war der Teufel überlistet.

SEINE SEELE BEHÄLT MAN durchaus, wenn man von der Teufelsbrücke auf die Eisenbahn und den aufgestauten Fluss Serchio blickt. Die nicht elektrifizierte Nebenbahn liegt an der Strecke von Aulla Lunigiana nach Lucca. Die Dieseltriebwagen halten nicht weit von der Brücke an der Station Borgo a Mozzano.

VORSICHT, ERUPTIV! Der Ätna auf Sizilien ist der höchste aktive Vulkan in Europa. Deshalb ändert sich auch seine Höhe, zurzeit liegt sie bei rund 3357 Metern. Am Fuß des Berges liegt Catania. Der Bahnhof Catania Centrale lädt ein zu einer Reise mit dem Zug einmal rund um Sizilien. Eine Vielzahl historischer Stätten erinnert an die Griechen, Sarazenen oder Karthager, die alle auch schon hier waren.

PROMINENTER BESUCH am Ätna hat lange Tradition. Der vermutlich erste Tourist hier in Taormina war Johann Wolfgang von Goethe. Es folgten zahlreiche Künstler wie Oscar Wilde, Thomas Mann oder der Komponist Richard Strauss. Das bis heute stattfindende *Festival Taormina Arte* zog schon früher Filmstars wie Greta Garbo, Marlene Dietrich, Cary Grant oder Elizabeth Taylor hierher.

ABENDSTIMMUNG bei Sitges. Die Bahn führt von Barcelona bis Tarragona immer an der felsigen Küste entlang. Sie ist in das S-Bahn-Netz von Barcelona eingebunden und hat einen direkten Anschluss zum Flughafen.

« UNTER SPANISCHER SONNE ist Sitges an der Costa del Garraf ein beliebter Badeort in Katalonien.

DER SANDSTRAND von El Masnou lädt zur Erholung ein. Die Fahrgäste in den Nahverkehrszügen zwischen Sitges und Barcelona können dem Strandleben zuschauen – vielleicht ganz hilfreich, wenn der passende Badeplatz gesucht wird.

WEINBERGE im Tal des Rio Ebro. Der Fluss ist mit 910 Kilometern der zweitlängste in Spanien und mündet in der Provinz Tarragona ins Mittelmeer. Die Eisenbahn von Miranda da Ebro nach Zaragoza verläuft viele Kilometer parallel zum Fluss.

ABWEHRBEREIT zeigt sich noch immer die Stadt Catoira am Fluss Ulla in der nördlichen Provinz Pontevedra. Die Stadt hat nationale Bedeutung: Hier wurden die Wikinger zurückgedrängt, als sie über den Fluss ins Land eindringen wollten, um den Schatz von Santiago de Compostela zu plündern.

»Wir sitzen alle im gleichen Zug
Und reisen quer durch die Zeit.
Wir sehen hinaus. Wir sahen genug.
Wir fahren alle im gleichen Zug.
Und keiner weiß, wie weit.«

Erich Kästner, aus: *Eisenbahngleichnis*

IN DEN BERGEN der Sierra de las Nieves, nördlich von Malaga, haben die Züge große topografische Herausforderungen zu bewältigen. Seit die Neubau-Schnellfahrstrecke Málaga–Córdoba in Betrieb ist, kann man wählen: etwas langsamer mit schöner Aussicht reisen oder bloß etwas schneller ankommen.

STANDSEILBAHNEN IN STÄDTEN EUROPAS

DER STEILE WEG NACH OBEN

Bergbahnen sind wahre Wunderwerke der Technik. Schon vor 150 Jahren wurde das Ziel oft mit einfachsten, aber genialen Mitteln erreicht. Größere Lasten sollten in einer Stadt möglichst ohne zu viel Energieaufwand nach oben gebracht werden. Die Standseilbahnen schafften das bereits in Zeiten, die noch von Pferdewagen geprägt waren.

FRIBOURG

Die Standseilbahn der Stadt Fribourg zeigt das auf beeindruckende Weise. Sie ist in der Schweiz die letzte ihrer Art, die noch mit Wasserballast betrieben wird. Seit 1899 war sie zuverlässig im Einsatz, bis dann 1996 ein Wagen einen Achsbruch erlitt. Eine Generalüberholung oder die Stilllegung waren nun die Alternativen. Gegen einen Abbruch gab es massiven Widerstand in der Bevölkerung, und so bekam die Bahn ihre Revision und zählt heute zum nationalen Kulturgut der Schweiz. Der Erfindergeist ihrer Konstrukteure ist verblüffend: Zwei Wagen mit großen Wassertanks sind durch ein Stahlseil miteinander verbunden. Der Tank des Wagens oben in der Bergstation wird mit Wasser gefüllt, während der zweite Wagen in der Talstation sein Wasser ablässt. Den Rest erledigt die Schwerkraft. Nach Lösen der Bremsen wird der leichtere von dem schwereren Wagen nach oben gezogen.

BRAGA

Die Standseilbahn in der portugiesischen Stadt bringt ihre Fahrgäste hinauf zum Wallfahrtsort an den Hängen des Berges Espinho, dem Heiligtum von Bom Jesus do Monte. Der gesamte Komplex gehört zum UNESCO-Welterbe. Die Strecke verläuft parallel zu einer monumentalen Barocktreppe, die 274 Meter zum Heiligtum hinaufführt. Die gelben Holzwagen des *Elevador do Bom Jesus* fahren auf zwei parallelen Normalspurgleisen. Es handelt sich um eine der frühesten von mehreren Standseilbahnen in Portugal. Der Antrieb erfolgt wie in Fribourg über den Ballast in Wassertanks.

GENUA

Wer in Genua, der sechstgrößten Stadt Italiens, hoch hinaus möchte, hat eine große Auswahl: Standseilbahnen, Zahnradbahnen und Aufzüge. Die *Standseilbahn Zecca-Righi* ist zwölf Minuten unterwegs, um dann einen fantastischen Ausblick auf die lange Küste und das Ligurische Meer zu bieten. Ein architektonisches und technisches Meisterwerk ist die bereits 1901 errichtete *Zahnradbahn Granarolo.* Sie fährt von der Innenstadt zu den höher gelegenen Stadtteilen. Man sitzt auf Holzbänken und darf an einem Stationshäuschen im Jugendstil aussteigen. Eine ganz andere Kategorie sind die zahlreichen Lifte. Der älteste stammt aus dem Jahr 1909, wird *Casteletto Levante* genannt und bewältigt einen Höhenunterschied von 57 Metern. Oben wartet eine Aussichtsterrasse mit einem herrlichen Blick über die Altstadt und den Hafen.

NEAPEL

Noch eine Stadt in Italien ist mit Standseilbahnen bestens versorgt – Städte, bei denen es von der Küste aus schnell nach oben geht, sind für diese Technik einfach prädestiniert. In Neapel gibt es gleich vier dieser Art. Die älteste, die *Funicolare di Chiaia* stammt aus dem Jahr 1889. Es folgen die Montesanto, die Centrale und die Mergellina. Die berühmteste Standseilbahn war allerdings die zum Vesuv, die 1880 erstmals auf einem aktiven Vulkan gebaut wurde. Nachdem sie durch verschiedene Eruptionen beschädigt worden war, kam nach einem erneuten Vulkanausbruch 1944 das endgültige Ende.

RÂȘNOV

In der rumänischen Stadt in Siebenbürgen, auf Deutsch Rosenau genannt, fährt ein Schrägaufzug hinauf zur Burg. Eigentlich ist sie nur über einen schmalen, steilen Pfad zu erreichen, doch nun können in einer Kabine 20 Personen die Höhendifferenz von 93 Metern in wenigen Minuten überwinden. Die sogenannte Bauernburg, die zahlreiche Häuser, Stallungen und eine kleine Kirche beherbergt, wurde im 14. Jahrhundert über dem Ort auf einem Kalkfelsen erbaut. Sie diente dem einfachen Volk als Schutz und wurde in ihrer Geschichte nur einmal eingenommen – aber da gab es den Schrägaufzug noch nicht.

BUDAPEST

Der Burgpalast überragt die ungarische Millionenmetropole als das höchstgelegene Gebäude und ist aus allen Himmelsrichtungen in seinen Ausmaßen gut zu erkennen. Wer hinauf will, kann die *Burgberg-Standseilbahn* nutzen. Sie verbindet die Széchenyi-/Kettenbrücke über die Donau mit der Budaer Burg. Bei der Eröffnung 1869 war sie eine der ersten Standseilbahnen für Personenbeförderung in Europa. Der Zweite Weltkrieg verursachte so schwere Schäden, dass sie erst 1986 wieder in Betrieb ging. Früher wurde sie nur von Regierungsbeamten genutzt, die zu ihren Büros oben im Schloss wollten, heute ist sie eine perfekte Ergänzung der städtischen Verkehrsmittel. Die normalspurige Bahn ist 95 Meter lang und überwindet eine Höhe von 51 Metern. Ursprünglich wurde sie mit Dampf betrieben, jetzt erledigt das ein Elektromotor. Gestufte Holzwagen im Stil der Originale sorgen für eine besonders gute Sicht auf die Donaumetropole.

ANKARA

Seilbahnen werden in Städten mittlerweile immer häufiger genutzt, um dringende Verkehrsprobleme zu lösen. In der türkischen Hauptstadt Ankara wird derzeit die größte urbane Seilbahn auf dem Kontinent betrieben. Sie schließt mehrere Stadtteile an eine Metrostation an. In Zehnerkabinen können 2400 Personen pro Stunde über eine mehr als drei Kilometer lange Distanz befördert werden. Ein Verkehrsmittel, das auch für Sightseeingtouren bestens geeignet ist.

AUF DIE BERGE. In Genua (links) gibt es zwei Standseilbahnen für die verschiedenen Anhöhen der Stadt. In Heidelberg braucht man zwei Bahnen für nur einen Berg: Die erste fährt seit 1890 vom Kornmarkt zur Station Molkenkur. Seit 1907 geht es mit der zweiten weiter zur Bergstation Köigstuhl.

DER KLOSTERBERG MONTSERRAT in der Provinz Barcelona kann seit 2003 wieder über eine Zahnradbahn erreicht werden. Vom Benediktinerkloster Santa Maria führen zwei Luftseilbahnen zum Gipfel, dem 1236 Meter hohen Sant Jeroni.

DER GLAUBE BEZWINGT BERGE! Die Standseilbahn zum Bom Jesus do Monte, dem Guten Jesus vom Berge, zeigt es. Das römisch-katholische Heiligtum im portugiesischen Braga ist eine bedeutende Wallfahrtsstätte, die zum Weltkulturerbe erklärt wurde.

DIE SONNENINSEL MALLORCA und ihre Bahn von Palma nach Sóller. Der Tren de Sóller ist seit 1912 unermüdlich im Einsatz, um den Menschen die Schönheit der Insel nahezubringen.

DIE KLEINBAHN mit der seltenen Spurweite von 914 Millimeter fuhr bis 1927 mit Dampflokomotiven. Weil sich aber Urlauber immer wieder über die Rauchbelästigung in den vielen Tunneln zwischen Palma und Sóller beklagt hatten, wurde auf Elektrobetrieb umgestellt.

OS BONS
MALANDROS

PLATZNOT MACHT ERFINDERISCH! Die Gleisverschlingungen ermöglichen Ausweichstellen ohne Weichen. Eine geniale Lösung und technische Attraktion für die Gäste der portugiesischen Hauptstadt Lissabon.

DREI STANDSEILBAHNEN besitzt Lissabon. Diese, der Ascensor da Glória, ähnelt einer Straßenbahn. Das Seil dient nur dem Massenausgleich mit dem talwärts fahrenden Wagen und hilft Strom sparen.

« DAS BRÜCKEN-KUNSTWERK über den Douro in Porto. Der Eiffelturm-Erbauer hat sich damit auch in Portugal ein Denkmal gesetzt.

INSELBAHNEN IM MITTELMEER

AUF SCHIENEN DURCH URLAUBSPARADIESE

Die Inseln im Mittelmeerraum sind Sehnsuchtsorte für Badegäste, Naturliebhaber und Eisenbahnfans gleichermaßen. Dass hier auch Züge fahren, ist erstaunlich, muss doch jede Lok, jeder Wagen, jedes Stück Schiene mit einem Schiff hergebracht werden. Zwei dieser Inselbahnen sind mittlerweile verschwunden: Von der Malta Railway existiert heute nur noch ein Bahnhofsgebäude, das als Kindergarten genutzt wird. Auf Zypern ist die Eisenbahn, die dem Transport von Rohstoffen diente, schon 1951 dem Lastwagenverkehr zum Opfer gefallen. Das Denkmal der in England gebauten Lokomotive Nr. 1 am ehemaligen Bahnhof von Famagusta erinnert noch an die einst 122 Kilometer lange Strecke in der damaligen Britischen Kolonie Zypern.

Auf anderen Inseln jedoch bieten sich Zugfahrten als Alternative zum Auto an – zumindest in einigen Regionen.

SIZILIEN

Auf Sizilien ist der Schienenweg vor allem an der Nordküste eine gute Wahl. Mit der Trenitalia, einem Tochterunternehmen der Italienischen Staatsbahn, gelangen die Urlauber an die meisten Orte, die Touristen häufig sehen wollen. Es empfiehlt sich daher, ein Hotel oder eine Ferienwohnung in der Nähe eines Bahnhofs zu suchen. Zum Ätna, dem höchsten aktiven Vulkan in Europa, führt allerdings nur eine Straße. Früher endete sie an einer Seilbahn, die aber bei einem Vulkanausbruch 2002 zerstört wurde. Heute führt eine andere, unbeschadete Seilbahn zu einem erloschenen Nebenkrater. Es gab auf Sizilien einmal fünf Zahnradbahnen und eine Standseilbahn, sie wurden aber allesamt stillgelegt.

SARDINIEN

Die Insel könnte man als ein Eisenbahnparadies bezeichnen. Züge erschließen sie von Süden nach Norden mit einem 210 Kilometer umfassenden Normalspurnetz. Davon zweigen mehrere 950-Millimeter-Schmalspurstrecken ab, die ähnlich wie Museumsbahnen betrieben werden. In der Sommersaison können so zusätzliche 404 Kilometer befahren werden. Der *Trenino Verde* auf den wildromantischen Strecken im Landesinnern hat einen beinahe legendären Ruf. Gefahren wird mit historischen Dieseltriebwagen und -loks. Wegen der Brandgefahr kommt die einzige fahrtüchtige Dampflok erst ab Mitte Oktober zum Einsatz. Die Lok ist Baujahr 1931 und in den angehängten original Holzklassewagen von 1913 lässt sich nun die Insel in der passenden nostalgischen Atmosphäre erkunden.

KORSIKA

Das Meterspurnetz auf der französischen Insel ist heute noch mit seinen zwei Strecken 231 Kilometer lang. Eine dritte Verbindung an der Ostküste wurde bereits 1953 stillgelegt. Für Frankreich hatte Korsika, das einem Gebirge im Meer gleicht, nie große wirtschaftliche Bedeutung. Die Autonomiebestrebungen der Bevölkerung führten zusätzlich dazu, dass Korsika 2012 aus der Französischen Staatsbahn ausgegliedert wurde. Erst im März 2022 gab es wieder heftige Ausschreitungen; wie autonom die Insel wird oder ob sie gar die Unabhängigkeit erlangt, ist völlig offen. Der Bahn tut das nicht gut. Die Fahrzeuge sind in so schlechtem Zustand, dass man sich teilweise schon mit Autobussen behelfen musste. Trotzdem sind Korsika und seine Eisenbahn unbedingt eine Reise wert. Der Hauptort Ajaccio wird von Kreuzfahrt-

schiffen und Fähren angesteuert, hier kann man dann direkt in die Eisenbahn umsteigen und 154 Kilometer quer durch das Inselparadies bis Bastia an der gegenüberliegenden Küste fahren. Dort kommen wiederum Reisende mit Autofähren aus Italien und Frankreich an. Korsika hat auch ein Stück zur Weltgeschichte beigetragen: 1769 wurde hier Napoleon Bonaparte als eines von 13 Kindern geboren. Nicht sehr weit entfernt, auf der Insel Elba, lebte er in Verbannung und auf St. Helena, weit draußen im Südatlantik, fand sein Leben 1821 ein Ende.

MALLORCA

Auch auf der beliebtesten Ferieninsel im Mittelmeer gab es einmal ein größeres Eisenbahnnetz. Davon übrig geblieben sind die elektrische Bahn von Palma nach Sóller mit 27 Kilometern sowie die Strecken nach Manacor und Sa Pobla mit 77 Kilometern Länge. Das von zwei unterschiedlichen Gesellschaften betriebene Netz war einmal weit mehr als doppelt so groß, die erste Etappe von Palma nach Inca wurde bereits 1875 eröffnet. Bis Inca ist die Bahn sogar zweigleisig ausgelegt.

Für Touristen sind die Bahnen aber eher ein zweitrangiges Ziel. Die größte der Baleareninseln hat schließlich rund 550 Kilometer Strand! Erst wenn es dort auf der Liege zu langweilig wird, erhalten in Palma die Kathedrale, das Castillo de Bellver oder der königliche Palast die ihnen zustehende Aufmerksamkeit. Seit 2007 gibt es in Palma auch eine 8,5 Kilometer lange Metrostrecke zur Universität. Bei größeren Ausflügen, vielleicht zu den zahlreichen Weingütern und Spezialitätenrestaurants der Umgebung, kommen dann die beiden Bahnlinien ins Spiel. Mallorcas abwechslungsreiche Landschaft wird im Osten und Westen von Gebirgszügen dominiert. Spektakulär ist vor allem im Westen die Serra de Tramuntana, wo mit dem 1445 Meter hohen Puig de Major der höchste Gipfel der Insel liegt. Besonders rau und spektakulär ist die Nordspitze mit dem Cap de Formentor und seiner imposanten Steilküste – doch Schienen führen nicht dorthin.

INSELBAHNEN haben einen eigenen Charme. Ob Taormina auf Sizilien (links) oder der Zug auf Korsika – für entspannte Inselerkundungen sind sie immer das Richtige!

WEIN UND DAMPF. Am Rio Douro in der portugiesischen Weinbauregion Régua gibt es an bestimmten Tagen beides zusammen. Mit der alten Henschel-Dampflok fährt man am Fluss entlang bis Tua. Der Blick aus dem fahrplanmäßigen Dieseltriebwagen (oben) ist aber genauso schön.

›› URLAUB IN PORTUGAL. In Nazaré, nördlich von Lissabon, bildet die Standseilbahn seit 1889 die Verbindung zum Wallfahrtsort der Bruderschaft Unserer Frau von Nazareth.

MITTELMEER UND ATLANTIK prägen den Westen Europas. Eisenbahnen schaffen die Verbindungen für eine florierende Wirtschaft, für kulturellen Austausch, für ein friedliches Miteinander. Ein Zug unterwegs nach Cannes mag dafür ein treffendes Bild sein.

Europas weiter Westen

FRANKREICH, BENELUXLÄNDER, GROSSBRITANNIEN

VON ROBERT STEPHENSON BIS ZUM TGV

Ein Großteil der *schnellsten* Züge der Welt fährt seit Jahrzehnten in Frankreich. Dafür fuhren die *ersten* Züge der Welt vor fast zwei Jahrhunderten in Großbritannien – dem genialen Erfinder Robert Stephenson sei es gedankt. Heute sind beide Länder durch einen Tunnel unter dem Ärmelkanal miteinander verbunden. Der alte Kontinent hat mit Mut und Erfindergeist bewiesen, wozu er fähig ist. Noch heute spielen Eisenbahnen im Westen Europas eine gewichtige Rolle. Der Welthandel über die großen Seehäfen am Atlantik wäre ohne sie nicht denkbar.

In *Frankreich* bestimmt seit 1981 der Hochgeschwindigkeitszug TGV, der »Train à grande vitesse«, das Bild. Das gesamte Streckennetz des Landes ist auf Paris mit seinen sechs Kopfbahnhöfen ausgerichtet. Allein diese Bahnhöfe mit ihrer alten Bausubstanz sind eine Reise in die Stadt an der Seine wert, denn man spürt noch heute die Atmosphäre, die hier früher schon bei der An- und Abreise geherrscht haben muss: Stimmengewirr, fauchende und pfeifende Lokomotiven, die Rufe fliegender Händler und schrille Abfahrtsignale. Nicht viel hat sich bis heute verändert, nur die räuchernden Dampfloks gibt es nicht mehr.

Bereits 1831 fuhren in Frankreich die ersten Züge. Heute ist das Streckennetz fast 30 000 Kilometer groß, etwas mehr als die Hälfte davon ist elektrifiziert. Über 2000 Kilometer Schnellfahrstrecken sind in Betrieb, der Star der Schiene ist unbestritten der TGV. Andererseits wurden etliche Nebenstrecken stillgelegt, ein gutes Dutzend Schmalspurbahnen in Touristenzüge umgewandelt. Sie bilden mittlerweile ein reizvolles Kontrastprogramm zum Louvre, zum Schloss Versailles, der Insel Mont Saint-Michel oder der Côte d'Azur, der azurblauen Küste zwischen Cassis bei Marseille und der italienischen Grenze. Ebenso reizvoll ist die etwas rauere Atlantikküste. Hier locken Europas größte Wanderdüne, die Düne von Pilat oder die Weinstadt Bordeaux.

Bevor wir mit dem Zug vom nordfranzösischen Calais durch den Eurotunnel auf »die Insel« wechseln, noch ein Blick auf die *Beneluxländer*. Die Hochseehäfen von Antwerpen und Rotterdam sind Tore zur Welt. Hier beginnen die Güterströme für das westeuropäische Hinterland, neben Massengütern wie Erz werden vor allem Container umgeschlagen. Es kann aber auch richtig gemütlich zugehen: Die belgische Küstentram von De Panne nach Knokke führt immer am Strand entlang. An 67 Haltestellen kann man sich den schönsten Badeort aussuchen.

Die Niederlande wiederum bieten neben Windmühlen, Tulpen, Käse und Grachten die kilometerlangen Sandstrände von Zeeland. Nach Zandvoort fahren Züge direkt von Amsterdam. Vom Bahnhof zum Strand muss man dann nur noch 150 Meter laufen.

DER EIFFELTURM (oben) steht für Paris, das Département Alpes-de-Haute-Provence für die schönsten Landschaften. Es gibt so viele davon in ganz Frankreich – alle zu bereisen bräuchte Jahre.

« DIE DOPPELSTOCKBRÜCKE Cize-Bolozon, nördlich von Lyon, ist 273 Meter lang und überspannt den Fluss Ain im Osten Frankreichs.

Nun aber mit dem »Eurostar« in zwei Stunden von Brüssel nach *Großbritannien*, der Wiege der Dampfmaschine und der Eisenbahn! Vor mehr als 250 Jahren hatte James Watt die Dampfmaschine zur Patentierung angemeldet, ohne sie hätte es keine Industrialisierung gegeben. Mit dampfbetriebenen Pumpen war es nun möglich, die Bergwerke zu optimieren. Maschinen aller Art konnten jetzt Leistungen entwickeln, die mit bloßer Muskelkraft nicht zu schaffen waren. Da lag es irgendwann nahe, mit einer Dampfmaschine auch ein Fahrzeug anzutreiben. Robert Stephenson und sein Vater George taten das – und bauten einen Schienenweg gleich mit dazu.

»Daher sprengen wir jeden Berg, der sich in den Weg stellt, bauen auf starkem Boden eine Brücke über Sümpfe und tiefe Täler, und wenn sich dann der ebene Weg vor uns erstreckt, legen wir da, wo die Räderspur gehen wird, Eisenschienen, welche die Wagenräder erfassen können.«

Hans Christian Andersen, aus: *Die Eisenbahn*

Dieses erste Projekt war 1821 die Stockton and Darlington Railway. Vater und Sohn gründeten bald darauf ein Unternehmen, um Dampflokomotiven zu bauen, und die Firma *Robert Stephenson and Company* existierte fast 120 Jahre. Das ursprüngliche Fabrikgebäude in Newcastle steht noch heute. Mit seiner Lokomotive »The Rocket« gewann Robert Stephenson 1829 das legendäre Rennen von Rainhill. Nach diesem Erfolg lieferte das Unternehmen weitere Lokomotiven für die Liverpool and Manchester Railway und andere Bahnlinien. Der hoch geschätzte Eisenbahningenieur war auch in Frankreich, Spanien, der Schweiz und Ägypten gefragt. Das Eisenbahnzeitalter hatte begonnen.

Das britische Zugnetz ist das älteste der Welt. Fünf radial von London ausgehende Hauptstrecken bilden das Gerüst: die West Coast Main Line, die East Coast Main Line, die Midland Main Line, die Great Western Main Line sowie die Great Eastern Main Line. Wichtigste Querverbindung ist die Cross-Country-Route von York nach Bristol. Diese Strecken werden ergänzt durch zahlreiche Regionallinien und Vorortnetze in den Ballungszentren.

Das blieb lange Zeit fast unverändert, erst nach beinahe 100 Jahren gab es wieder eine Neubaustrecke. Sie führt von London zum Eurotunnel und ist vom übrigen Schienennetz betrieblich getrennt, da sie nach den gleichen Standards wie das TGV-Netz in Frankreich gebaut wurde.

Bei dieser großen Technikgeschichte wundert es nicht, dass es im Vereinigten Königreich so viele spleenige Eisenbahnnarren gibt, eine Vielzahl engagierter Museumsbahnvereine und ausgezeichnete Eisenbahnmuseen. Stellvertretend sei das National Railway Museum in York genannt, in dem mehr als 100 Lokomotiven zu sehen sind, eine Reihe von Salonwagen des britischen Königshauses und vieles mehr. Sie konkurrieren mit der Weltstadt London, mit der mystischen Kultstätte Stonehenge, mit den schottischen Highlands und Loch Ness, mit viktorianischen Castles und atemberaubenden Küstenlandschaften. Aber glücklicherweise muss man sich nicht unbedingt entscheiden, man kann auch einfach alles genießen.

TGV – DAS FLAGGSCHIFF der französischen Eisenbahnen. Der erste *train à grande vitesse* fuhr 1981 zwischen Paris und Lyon. Heute ist das Hochgeschwindigkeitsnetz fast 3000 Kilometer lang.

DIE CÔTE BLEUE ist ein 25 Kilometer langer Abschnitt der Mittelmeerküste westlich von Marseille. Hier beginnen die Hügel der Chaîne de l'Estaque, wo keine Küstenstraße existiert, nur die Bahnstrecke Miramas–L'Estaque, auch Ligne de la Côte Bleue genannt.

DAS BLAU VON KORSIKA. Algajola ist ein Badeort, wo der Tourismus eine entscheidende Rolle spielt. Im Winter leben hier nur etwa 200 Einwohner, im Sommer bevölkern Tausende die Strände.

KORSIKA UND FRANKREICH haben eine spannungsreiche Geschichte miteinander. Bis 2012 hatte hier die Französische Staatsbahn das Sagen. Nun haben die Korsen übernommen. Die Bahn auf Korsika fährt quer über die Insel, die Strecke zwischen Calvi und Ile Rousse führt an der malerischen Küste entlang.

Er winkte leutselig mit dem Hute,
als wir weiterfuhren. Fräulein Ella ließ
ihr Taschentuch wehen und trat erst
nach geraumer Weile vom Fenster zurück.
»Wie schade, dass er schon aussteigen musste!«
»Er wäre vielleicht geblieben, wenn nicht
jemand so roh gegen ihn gewesen wäre«,
sagte die Mama mit scharfer Betonung.
Der Herr mit den Koteletten vertiefte sich
anscheinend in den Lokalanzeiger, welcher ihn
vor den Blicken der Gattin schützte.

Ludwig Thoma, aus: *Auf Reisen*

CÔTE D'AZUR, Mittelmeer, Villefranche-sur-Mer, ein Zug in einem kleinen Bahnhof, ein lauer Abend, vielleicht ein Glas Champagner – Assoziationen, die Reiselust wecken.

›› EINE SCHRÄGSEILBRÜCKE haben die französischen Eisenbahnen auch zu bieten: Der Pont de Cassagne in den Pyrenäen ist, man glaubt es kaum, weit über 100 Jahre alt.

NIEMAND LIEBT DAMPFZÜGE mehr als die Engländer. Sie hegen und pflegen sie, um sie dann mit Begeisterung durch die Lande fahren zu lassen.

NATURIDYLL in der Grafschaft Cumbria. Die Küstenregion Arnside und Silverdale besitzt große Salzwiesen, die vom River Kent ständig verändert werden.

« DIE WIEGE DER EISENBAHN ist England. Ganz im Norden, in Berwick-upon-Tweed an der Grenze zu Schottland, steht die Royal Border Bridge. Die Brücke wurde von dem Eisenbahnpionier Robert Stephenson entworfen und gebaut.

ENGLISCHE RIVIERA wird dieser Ort namens Goodrington Sands auch genannt. Die geschützte Bucht nahe Plymouth erlebt hier gerade das Spektakel eines Dampfzuges. Die dunklen Regenwolken lassen vermuten, dass sich keine Badegäste davon gestört gefühlt haben.

AUF, ZUM STRAND! Mit der Saltburn Cliff Tramway in North Yorkshire ist das kein Problem. Sie wird auch als Lift bezeichnet und ist doch »nur« eine Standseilbahn, die mit Wasserballast die Steilküste überwindet.

WIEDERAUFERSTANDEN. Die Bahn über den Ribblehead-Viadukt in der Grafschaft North Yorkshire war schon stillgelegt. Verfall und Abriss drohten. Dann wurde das bröckelnde Bauwerk doch wieder verkehrssicher gemacht und trägt nun selbst schwere Güterzüge.

BRITISH STEAM. Und das jeden Tag. Die Swanage Railway bietet im Sommer Dampfzüge täglich vor historischer Kulisse. Die Burg Corfe Castle in der Grafschaft Dorset liefert mit ihren Ruinen einen fantastischen Hintergrund.

›› DAS SYMBOL SCHOTTLANDS ist die Eisenbahnbrücke über den Firth of Forth. Ihre Fertigstellung 1890 haben die Zeitgenossen mit einem Wunder gleichgesetzt.

TICKETS UND TIPPS

REISETRÄUME WAHR WERDEN LASSEN

Nun kann es losgehen! Wer nur in Deutschland reisen will, hat dazu sehr günstig die Möglichkeit mit dem 49-Euro-Ticket. Es gilt fürs ganze Land und ist monatlich kündbar. Das bedeutet also: Vier Wochen lang freie Fahrt von der Nordsee bis zu den Alpen. Erhältlich ist das Ticket bei der Deutschen Bahn oder den Nahverkehrsbetrieben am Wohnort. Hier erfährt man auch alles über regionale Besonderheiten wie die Mitnahme von Hunden oder Fahrrädern.

Wer nun von Nürnberg nach Narvik oder Napoli möchte, kann eventuell den Interrail-Pass nutzen. Jugendliche bis 27 Jahre und ältere Menschen ab 60 können damit 33 Länder in ganz Europa bereisen. So kostet etwa ein Ticket für 22 Tage 408 Euro, drei Monate unterwegs sein gibt es für 711 Euro. Bei der Geltungsdauer kann man zwischen vier Tagen und drei Monaten wählen. Unter dem Stichwort *Interrail-Pass* wird im Netz alles erklärt.

Manch einer möchte ein Komplettangebot für eine Reise und keine Fahrpläne lesen. Es gibt einige Spezialanbieter für Schienenkreuzfahrten, etwa *Lernidee,* mit exklusiven Bahnreisen in Europa und auch anderswo in der Welt. Viele der im Buch genannten Züge lassen sich auch über *Ameropa-Reisen* in Bad Homburg buchen. Speziell an Eisenbahnfreunde richtet sich das Angebot von*Far Rail Tours* in Berlin. Hier liegt der Schwerpunkt auf dem Einsatz von Dampflokomotiven im Ausland.

Und wer sich für die Vielzahl von Museumsbahnen in Deutschland interessiert, der sei auf das *Kursbuch der Museumsbahnen* hingewiesen. Hier findet man Fahrtzeiten und Verkehrstage. Manche dieser Nostalgiebahnen sind nur wenige Tage in Jahr im Einsatz.

Wer nun wissen möchte, wo genau in Europa welche Bahnen unterwegs sind, dem sei der *Eisenbahnatlas EU* empfohlen. In dem Kartenwerk sind alle Strecken genau beschrieben: eingleisig, zweigleisig, Spurweite, elektrisch betrieben, mit welcher Stromspannung etc. Selbst Standseilbahnen lassen sich so ausfindig machen. Wem ein Buch für die Reise zu schwer ist, der sollte im Netz unter *openrailwaymap.org* nachschauen. Hier kann man sich praktisch jedes Gleis oder Signal im Detail anschauen, und zwar von Narvik bis Napoli und von Lissabon bis London.

BEI BERGBAHNEN. wie der Jungfraubahn (oben) bekommt man garantiert keine kalten Füße – auch, wenn es ganz gemütlich zugeht. Bei der Vitznau-Rigi-Bahn wird eine halbe Stunde gebraucht, um die 7 Kilometer auf den Rigi-Gipfel zu schaffen.

IMPRESSUM

Verantwortlich: Joachim Hellmuth
Lektorat: Kaj Ritter
Bildredaktion und Dokumentation: Dorothea Sipilä und Joachim Hellmuth
Layout und Satz: BUCHFLINK Rüdiger Wagner
Lektorat: Juliane Braun, München
Technische Produktion: LUDWIG:media
Herstellung: Bettina Schippel
Printed in Turkey by Elma Basim

★★★★★

Sind Sie mit diesem Titel zufrieden? Dann würden wir uns über Ihre Weiterempfehlung freuen.

Erzählen Sie es im Freundeskreis, berichten Sie Ihrem Buchhändler, oder bewerten Sie bei Onlinekauf. Und wenn Sie Kritik, Korrekturen, Aktualisierungen haben, freuen wir uns über Ihre Nachricht an Bruckmann Verlag, Postfach 40 02 09, D-80702 München oder per E-Mail an lektorat@verlagshaus.de.

Unser komplettes Programm finden Sie unter

www.frederking-thaler.de

Umschlagvorderseite: Mauritius/D. Kalisinski/Alamy Stock Photos
Umschlagrückseite: Look/K. Johaentges, Look/I. Pompe (o.re.), Look/Design Pics (u.li.), shutterstock/J. Kravos
Vor- und Nachsatz: Shutterstock/tunasalmon
Seite 1: Der Liebestunnel von Klewan. Das zugewachsene Anschlussgleis im Westen der Ukraine ist bei Liebespaaren in der ganzen Welt bekannt. Ein Hochzeitsfotograf hatte den Tunnel als Kulisse für seine Bilder genutzt. Das Gleis wird nur sehr selten von Zügen befahren.
S. 2/3: Der Bernina Express mit seinen Aussichtswagen führt auf eine Höhe von 2253 Metern. Ein perfektes Erlebnis, um die Schweizer Alpen zu erleben. Die Strecke von Chur ins italienische Tirano ist Teil einer internationalen Zugverbindung der Rhätischen Bahn. Die Berninabahn wurde 2008 als UNESCO-Welterbe ausgezeichnet.
S. 4/5: Mit dem Zug in die Zukunft.. Der futuristische Bahnhof Estação do Oriente in Portugals Hauptstadt Lissabon entstand bereits vor einem Vierteljahrhundert am Gelände der Weltausstellung Expo 1998. Er ist ein Fern- und Regionalbahnhof im Nordosten der Stadt. Unterhalb befindet sich ein U-Bahnhof gleichen Namens, wo man in die Innenstadt und zum Flughafen kommt.
S. 6/7: Ruhige Abendstimmung an der Mosel bei Lustin und Profondeville in der Region Wallonien. Sie gehört zum Königreich Belgien und ist gerade bei deutschen Urlaubern sehr beliebt. Von Aachen aus ist man in zwei Stunden hier.

Die Deutsche Nationalbibliothek verzeichnet diese Publikation in der Deutschen Nationalbibliografie; detaillierte bibliografische Daten sind im Internet über http://dnb.d-nb.de abrufbar.

ISBN 978-3-95416-402-8

Der Autor
Johannes Glöckner hat in Dortmund Fotodesign und Journalistik studiert. Nach der freien Mitarbeit beim Westdeutschen Rundfunk und beim ZDF folgte die Festanstellung als Fernsehredakteur und Reporter beim WDR-Fernsehen. In dieser Zeit entstanden neben der tagesaktuellen Berichterstattung auch zahlreiche Eisenbahnfilme und Live-Sendungen für das Fernsehen. Das Spektrum reicht von historischen Dokumentationen wie der über die Eisenbahn im Dritten Reich bis hin zu Bereisungen ungewöhnlicher Eisenbahnstrecken. So wurde als Sendereihe das gesamte Ruhrgebiet ausschließlich auf Gleisen von Werks- und Industriebahnen durchquert. Seit seiner Pensionierung lebt Johannes Glöckner im Sauerland und arbeitet als Buchautor, Fotograf und Publizist.

Bildnachweis
Johannes Glöckner: S. 16 (u.)

Huber-Images: A. Serrano (S.88).

Look Photos: Click Alps (S. 33, 45, 47, 54); Design Pics (S. 185); F. Frei (S. 32); R. Harding (S. 4/5, 50,55, 134, 158, 182); Hemis (S. 11, 154, 161, 173 o.); Jalag (S. 49); M. Korb (S. 67); B. Merz (S. 62/63); R. Mirau (S. 40); O. Protze (S. 17); I. Pompe (S. 8, 44); J. Richter (S. 146); P. v. Felbert (S. 51); H. Wohner (S. 18).

Mauritius Images: ImageBroker (S. 14/15; W. Veeser, S. 22; P. Frischknecht, S. 42/43; M. Mainka, S. 171). Alamy Stock Photos (S. Mink, S. 23; Classic Collection, S. 24/25; T. Uhlenberg, S. 26/27; J. Wiesler, S. 28/29, 30/31; K. Fritsch, S. 30 li.; R. Dembo, S. 56/57; H. Weges, S. 69; L. Vallecillos, S. 70/71; C. Craggs, S. 72/73; WireStock, S. 74, 77 u., 162/163; L. Johansson, S. 76; E. Shchipokova, S. 77 o.; L. Andronov, S. 78/79, 178/179; S. Kovacic, S. 82/83; T. Hanzl, S. 86; Z. Popp, S. 87; I. Paley, S. 94/95; S. Dux, S. 100/101; dreamer4787, S. 107; WireStock, S. 110; J. Kershaw, S. 112/113; B. Namoglu, S. 114/115; B. Kadic, S. 126; R. Nistri, S. 127; ako, S. 129; K. Fisher, S. 131; travelimages, S. 132/133; F. Robba, S. 136/137; P. Matzner, S. 139; kpzfoto, S. 145; Reyes, S. 148/149; I. Lopez, S. 152; A. Pedrosa, S. 163 re.; B. Marty, S. 164/165; aerial-photos.com, S. 170; S. Cambon, S. 173 u.; P. Kazmierczak, S. 174; S. Dzyuba, S. 176, 177; J. Monk, S 180/181; J. Sparks, S. 183; S. Davies, S. 184; P. Titmuss, S. 186; R. Lancaster, S. 187; I. Rutherford, S. 190; P. Devlin, S. 190/191). Prisma/C. Sonderegger (S. 48). S. Puchinger (S. 89). S. Andàs (S. 91). I. Nesterov (S. 96 o.). L. Andronov (S. 96 u.). O. Hrecheniuk (S. 97). mauritius images (S. 112 li.). M. Kostner (S. 124/125). Westend61/M. Moxter (S. 135). CuboImages/D. Piccione (S. 140). Image Source (M. Bailen, S. 144; Henglein and Streets, S. 156/157). Pitopia/Andrezej (S. 166/167).

Picture Alliance: SZ Photo/S. Rumpf (S. 66). Zoonar/Nikolai Sorokin (S. 108). M. Korb (S. 109). ImageBroker/J. Pigozne (S. 153). A. Schuller/dpa (S. 160).

Shutterstock: F. Bix (S.2/3; Cedant (S. 6/7); Kapi (S. 10); N. Fox (S. 13); Chen Min Chun (S. 16 o., 36, 37); M. Minarik (S. 34); kovop58 (S. 35); gokcentunc (S. 41); K.C. Yilmaz (S. 46); R. Balasko (S. 52/53); G. Akelis (S. 58/59); T. Alven (S. 60); J. L. Raboff (S. 61); Wirestock Creators (S. 64); M. Dobilas (S. 65, 76 u.); Krishna.Wu (S. 68); Michael715 (S. 75); J. Kravos (S. 80); A. Krivec (S. 81); P. Kosmider (S. 84/85); Domi002 (S. 90); Geza Kurka Photo Video (S. 92); F. Cnejevici (S. 93); I. Litvyak (S. 98); A.V. Evstafyev (S. 99); sashk0 (S. 102/103); M. Rakowski (S. 104); A.I. Daniel (S. 105); PhotoNXT (S. 111); A. Haris (S. 116 li. o.); smoxx (S. 116 li.u.); dinosmichail (S. 116/117); U. Seidner (S. 118/119); Sietevidas (S. 119 re.); N. Duzen (S. 120/121); Canadastock (S. 122/123); Framarzo (S. 128); Digital signal (S. 130); M. Rovatti (S. 138); Zonabianca (S. 141); arousa (S. 147); M. Mainka (S. 146/143); R.L. Savio (S. 150); Da_Ja_25 (S. 151); Pumbastyle (S. 155); L. Androvov (S. 168/169).

Ebenfalls erhältlich

978-3-95416-208-6

978-3-95416-268-0